O SEU UNIVERSO A VOCÊ PERTENCE

Adriana Barbarini

O SEU UNIVERSO A VOCÊ PERTENCE

VOCÊ é o autor do
roteiro de sua vida

generale

Publisher
Henrique José Branco Brazão Farinha
Editora
Cláudia Elissa Rondelli Ramos
Preparação de texto
Gabriele Fernandes
Revisão
Vitória Doretto
Renata da Silva Xavier
Projeto gráfico de miolo e editoração
Beluga Editorial
Capa
Rubens Lima
Impressão
Edições Loyola

Copyright © 2017 *by* Adriana Barbarini

Rua Sergipe, 401 – Cj. 1.310 – Consolação
São Paulo – SP – CEP 01243-906
Telefone: (11) 3562-7814/3562-7815
Site: http://www.evora.com.br
E-mail: contato@editoraevora.com.br

B184s

Barbarini, Adriana
    O seu universo a você pertence : você é o autor do roteiro de
sua vida / Adriana Barbarini. - São Paulo : Évora, 2017.
    208 p. : ; 16x23cm. –

Inclui bibliografia.
ISBN 978-85-8461-123-2

1. Vida espiritual. 2. Sucesso. I. Título.

CDD- 158.1

JOSÈ CARLOS DOS SANTOS MACEDO - BIBLIOTECÁRIO -- CRB7 N. 3575

*Que o amor que trago em meu coração possa ser compartilhado.
Que os projetos que trago em minha mente e minha alma possam ser realizados.
Que a alegria com que levo minha vida contagie o maior número possível de pessoas.*

Dedicatória

Dedico este livro:

Ao meu pai **Wilander**, que me inspirou com seus escritos e poemas que se tornaram eternos após seu precoce falecimento (com essa dolorosa experiência aprendi muito cedo que devemos viver o momento presente e amar profundamente as pessoas, pois não sabemos se elas estarão fisicamente ao nosso lado amanhã).

À minha mãe **Maria Aparecida**, que me guiou com seus valores morais e muito amor. Em 2016 descobriu um câncer avassalador de estômago e faleceu em seis meses. Tive a grande oportunidade de cuidar dela, ler este livro antes de ser publicado e ser abençoada com seu grande exemplo de vida.

À minha tia **Diva**, que foi e continua sendo uma imensa luz em minha vida.

Aos meus filhos **Dafne** e **Arthur**, que me mostraram como duas crianças que nascem do mesmo ventre, geradas pelos mesmos pais, podem ser tão diferentes e ao mesmo tempo tão complementares, ensinando, assim, que apesar das diferenças podemos crescer com harmonia, amor, admiração e respeito.

Ao meu marido **Ronaldo**, que me deu o grande presente de ser mãe e aceitar minha trajetória espiritual.

Aos meus amigos de alma que me acompanham durante muitas jornadas e foram fundamentais neste processo, em especial a Del Pe, Stefano D'Anna, Milton Mira Assumpção, Lindbergh B. Pessoa, Jose Enrique Mellato Serveto, Paola Sansão Lucas, Luiz Fernando Amaral Lucas, Tatiana Figueiredo, Liliana Takaoka, Vera Saldanha, Dulce Magalhães, Moyses Araújo e Adriana Halbe.

Agradecimentos

Agradeço:

A **Jesus Cristo**, o grande mestre que me guia.

A **Buda**, por seus ensinamentos iluminados.

Aos meus mentores espirituais encarnados e desencarnados, que me proporcionaram inúmeros aprendizados com minha entrega e confiança no divino para prestar meu serviço com muito amor.

Se você quiser ficar mais conectado comigo enquanto lê este livro, acesse os canais a seguir, nos quais produzo conteúdo.

Site: adrianabarbarini.com.br

Facebook: facebook.com/femininosagrado

Facebook: facebook.com/oseuuniversoavocepertence

Instagram: instagram.com/adrianabarbarini

Prefácio

"Conhece-te a ti mesmo e conhecerás o universo".

Essa frase atribuída à Sócrates reflete a essência do percurso deste livro.

Uma autobiografia especial, plena de reflexões, muito além de dados e eventos factuais, que convida o leitor a se aprofundar em seu próprio autoconhecimento.

Conhecer-se a si próprio é um processo incessante, desvelado por Adriana em seus múltiplos níveis de experiências e consciências, que amplia os horizontes daqueles que desejam ir mais além, que desejam abrir suas asas e voar; não só dar mais um passo no caminho da vida.

Ao relatar as distintas faces do amor, recorda-nos da importância dessa experiência genuína na relação a dois e também na possibilidade do amor como uma grande alquimia transformadora.

O amor que supera a morte, o mistério; um dos mais elevados estados de consciência, o que a autora denomina como o caminho da consciência ego para consciência universal.

Foca temas importantes da vida humana como educação, relação entre o eu e o outro e entre pais e filhos, sofrimento e pecados capitais, revelando práticas significativas no cotidiano, que poderão contribuir para relações mais saudáveis.

Nessa perspectiva a autora mostra a educação como uma forma de oferecer ferramentas para a evolução, uma prática que ensina a pensar na motivação do viver, tornando a missão de cada educador uma expressão do amor e dos valores essenciais. As questões abordadas na relação entre pais e filhos evidencia a necessidade deste resignificar e qualificar as relações parentais.

Propõe questionamentos que incitam o leitor a trazer o que de fato lhe é importante, o que o move, o que o faz feliz, e revela que essa é a chave da autorrealização pessoal e profissional. Relaciona com essa autorrealização a importância da atenção aos sinais, a escuta do coração, as sincronicidades – um dos temas também abordados com relevância nesta obra.

Evidencia uma vida preciosa, repleta de belas e auspiciosas sincronicidades!

Em uma linguagem bela e poética, mostra o desafio das vicissitudes humanas, e a dor como propulsora da aprendizagem. Ao lermos suas reflexões, observamos o quanto suas descrições nos sugerem que o mal e o sofrimento são proporcionais a nossa ignorância da unidade cósmica.

A importância dos sonhos e meditações como espaços de acesso legítimo ao inconsciente são ideias que evidenciam a presença de um "outro" eu a ser conhecido, revelado, e que as experiências visionárias poderão se tornar realidade.

A integração do sagrado como força cocriadora, revelado neste conhecer-se sem limites religiosos, e paradoxalmente a força do divino; o Cristo cósmico como uma presença inspiradora desta jornada, constante e direcionadora de suas decisões, que a levaram a reconhecer universos dantes nunca imaginados com abertura e acolhimento incondicional.

Um destaque ímpar desta agradável leitura são as descrições de belas viagens, a mais de quarenta países, em quatro continentes. A obra traz a dimensão magnífica de paisagens externas e internas. Suas descobertas e *insights* luminosos; um intenso despertar espiritual.

Saberes inerentes a nossa humanidade, mas abandonados no esquecimento do ser. Verdades simples e profundas que tocam a alma de cada um, auxiliando a esvaziar-se de conceitos preestabelecidos e a transcender paradigmas limitadores.

É um grande "sim" à vida, aqui e agora. A revelação de que somos a nossa história tecida e construída a cada instante por meio de escolhas.

O livro deixa sempre como um exemplo vivo a presença da alegria no convite pujante que o grande mestre Walt Disney fazia: "Celebre hoje, celebre todos os dias!".

Uma leitura extremamente agradável, que prende a atenção do leitor e traz a beleza da vida, apesar das dores e dos desafios.

O seu universo a você pertence

Que convida a cada um para que com entusiasmo crie e recrie o próprio universo, pleno da presença de Deus, pleno de amor e realização.
Parabéns e sucesso são os votos à autora e sua obra.

Vera Saldanha

Doutora em psicologia transpessoal e presidente da Associação Luso-Brasileira de Transpessoal (ALUBRAT). Autora dos livros *A psicoterapia transpessoal* e *Psicologia transpessoal: um conhecimento emergente de consciência.*

Sumário

Introdução – 1

Capítulo 1: A jornada de minha alma – 5

Capítulo 2: O amor – 13

Capítulo 3: A transformação – 21

Capítulo 4: Valores e educação – 41

Capítulo 5: Criando seu universo – 57

Capítulo 6: Corpo físico, emocional e mental – 69

Capítulo 7: A espiritualidade: a eterna busca – 87

Capítulo 8: O autoconhecimento – 103

Capítulo 9: Viagens espirituais ao redor do mundo – 113

Capítulo 10: Viagens ao meu interior: sonhos e meditações – 135

Capítulo 11: Vida simples – 161

Capítulo 12: Consciência – 171

Capítulo 13: A unificação – 177

Referências bibliográficas – 185

Introdução

Muitos são os caminhos que percorri para chegar até aqui. Minha intenção é levar o leitor a refletir sobre vários temas de nossa vida. Este livro não deve ser lido como um texto doutrinário ou uma história pessoal, mas como um veículo de transmissão de mensagens que podem interessar a alguns. Quando menciono exemplos pessoais, quero mostrar a estreita ligação entre a teoria e a prática. A obra foi concebida como uma grande colcha de retalhos, com textos que podem ser lidos separadamente, de trás para frente, do meio para o começo ou do início ao fim. Cada pedaço tem sua tonalidade e estampa. Um independe do outro, mas no conjunto se integram no agasalho que aquece e abriga a minha alma. Meu desejo é que cada leitor possa tirar suas próprias conclusões e usufruir do texto da melhor maneira possível.

As palavras não podem expressar toda a intensidade da alma, nem experiências repletas de significado, nem fórmulas geométricas sobrepostas ou códigos complexos de informações. Não há uma definição precisa em palavras para tais fatos. É possível apenas captar parte da essência usando exemplos e símbolos. No entanto, na falta de melhor forma de expressão, gostaria de registrar aqui alguns de meus pensamentos, meditações, sonhos, viagens, vivências e experiências. Descobri que, apesar de incompletas, as palavras têm o poder de nos confortar, aconselhar, afastar o medo, alegrar, mostrar afinidades entre semelhantes e semear ideias. As mensagens podem vir de livros sagrados como a Bíblia ou o Alcorão, de textos comuns, de um encontro inesperado com alguém ou algo. Elas estão por toda parte, mas precisamos estar atentos para captá-las.

Gosto muito de escrever, mais ainda de ler, vivenciar e viajar. Sempre acreditei que tenho muito a aprender com o mundo e a convicção de que, quanto mais estudo, menos sei. Por isso, não me sentia pronta para divulgar meus pensamentos. Ao mesmo tempo, um sentimento explodia dentro de mim, e eu precisava colocá-lo para fora. Chegou a hora. Todos os dias aprendo e me transformo. Acredito que somente esvaziando o líquido que me invade neste momento poderei receber mais água em meu recipiente.

Na jornada à procura de minha verdade, descobri ensinamentos comuns, contidos em diversos livros sobre várias religiões. Sou espiritualista, não pertenço a nenhuma religião e respeito a divindade de todos os credos. Procuro assimilar seus ensinamentos e aprender com a sabedoria dos grandes mestres. Nas páginas a seguir, vou falar sobre temas que envolvem filosofia e religião. Vou mencionar muito Deus, Jesus, Buda, Shiva, Maomé, Moisés e muitos outros iluminados que deixaram grandes conhecimentos e muita sabedoria, independente de suas religiões. Vou falar sobre meditações, sonhos e viagens espirituais que me abriram para o diferente, para a compreensão do judaísmo, budismo, hinduísmo, taoísmo, islamismo, cristianismo e outras religiões e filosofias. Nessas viagens pude viver, experimentar e chegar às minhas próprias conclusões. Nesse maravilhoso processo, descobri o denominador comum delas e de mim mesma: a moeda universal é o amor, a aceitação, o não julgamento, a compaixão, a fraternidade, o fazer o bem sem se importar a quem, a paz por trás dos conflitos. É essa a verdade comum a todas as religiões. Somente quando doamos, o universo oferece tudo o que necessitamos. Em outras palavras, não podemos receber se não soubermos doar.

Acredito que a obra e o tema escolhem seu autor, não o contrário. Se escrevo sobre o amor, é porque tenho essa verdade em meu coração. O espírito não enxerga a razão, o lado racional; ele se comunica pelo coração.

A interpretação dos textos aqui reunidos cabe a cada um, de acordo com seus próprios conhecimentos, sabedoria e verdade interior. Estou convencida de que não haverá duas interpretações exatamente iguais. Isso porque os relatos de uma pessoa, se não vivenciados por outra, tem outro valor, peso e medida. Ou seja, não é possível ensinar o caminho a ninguém, uma vez que nossas experiências são diferentes, assim como a trajetória para chegarmos à origem de tudo.

Este livro traz minha visão particular da realidade, e eu gostaria de algum dia poder conhecer também a sua. Afinal, somos um universo complexo e completo de nós mesmos e criamos as coisas conforme nosso olhar do mundo. Compartilho com você minha maneira de ver e viver, faço afirmações de acordo com o meu ponto de vista, levanto questões para refletirmos, mas não tenho respostas para muitas das indagações.

Quando penso que finalizei um tema, surge uma nova intuição, um novo sonho que me leva por caminhos ainda não percorridos e me desperta para novos assuntos. Então me empolgo, me envolvo e me entrego. Considero-me uma obra em construção.

O objetivo principal de *O seu universo a você pertence* é plantar uma sementinha de questionamento em cada leitor. Precisamos resgatar nossos valores, encontrar nossa essência, dar significado ao que realmente importa e, nesse processo, integrar nosso ser, atingindo uma consciência de unificação entre os corpos físico, emocional, mental e espiritual. Precisamos individualmente assumir a responsabilidade de transformar nossa vida cotidiana em sagrada e divina. Meu desejo é que você leia os textos sem prejulgamentos ou preconceitos, procurando assimilar a unidade contida no todo, já que todos nós formamos a grande família da humanidade. E se de tudo o que está escrito nas próximas páginas sobrar em seu coração o sentimento de amor – e que é fundamental colocarmos em prática no dia a dia –, creio que terei alcançado meu objetivo.

Capítulo 1

A jornada de minha alma

O sonho é a coisa mais real que existe. A realidade é apenas o sonho com a dimensão tempo adicionada.
Stefano D'Anna

Nossa alma não está presa no tempo nem no espaço

Vejo a vida como uma grande viagem na qual planejamos o destino, mas não os detalhes, deixando as coisas fluírem conforme ditam o coração e a intuição. Devemos percorrer trajetos desconhecidos, desbravar florestas virgens, aventurar-se para o novo, mergulhar na profundidade de cada experiência, estar presente no momento atual sem ansiedade com o que virá, com a certeza de que o futuro é o resultado do que construímos agora – e, se não gostamos do que estamos edificando, temos o direito de desmanchar o castelo de areia para construir um novo, como fazem as crianças na praia.

Somos todos viajantes neste mundo. Nossa alma não está presa no tempo nem no espaço. Ela é livre e busca se expressar. Por meio do corpo temos possibilidades limitadas. No entanto, ao reconhecer essa limitação, podemos transcendê-la. Não podemos nos prender à lei racional da matéria que nos impede de voar para além dela. O ar é invisível, mas sem ele não podemos respirar e manter a vida. Deus é invisível, mas está em tudo e em todos.

É fundamental vivermos com o coração aberto, que intui e sente o caminho que devemos individualmente percorrer para prosseguir no propósito maior da criação, uma realidade muito além de nossa limitada compreensão. A tendência natural é nos apegarmos ao velho e ao conhecido. Temos medo de abandonar o que conhecemos e buscar o que não sabemos. Muitas vezes, porém, os instrumentos que foram úteis no passado não são mais adequados no presente. As máquinas se modernizaram, mas insistimos em carregar equipamentos inúteis que tornam a mala mais pesada. Para nossa evolução é importante eliminar o que não serve mais e abrir espaço para aquilo de que realmente precisamos.

Nossa consciência se amplia ao percorrermos o caminho do autoconhecimento. Esse percurso não é externo, mas interno. Aquele, porém, impulsiona o desenvolvimento deste. As viagens, culturas, religiões e nações nos despertam para a verdade de nossa essência. É fundamental observar e assimilar o que faz sentido em nosso processo. E vale ressaltar que o caminho da ampliação da consciência é eterno. À medida que crescemos, deixamos de nos enquadrar nos antigos e apertados espaços e procuramos novos horizontes para voar mais alto.

Quando temos esses *insights* e não atendemos de imediato ao chamado, temos a oportunidade de receber novos convites do destino maior, mas se decidimos não partir para o novo, não despertamos nosso máximo potencial e vivemos à margem do que poderíamos ser. Seria um desperdício alcançar a revelação e não atender ao chamado maior, ficando abaixo de nosso potencial.

Quando atendemos ao chamado, somos banhados por uma sensação de paz, e o externo não nos tira do equilíbrio como antes. Sabemos que estamos aqui de passagem e que só levaremos as nossas experiências e o amor. Todas as pessoas e situações servem para impulsionar o processo de nossa semente no caminho da árvore da vida, com frutos e novas sementes. Tudo existe para o crescimento, a evolução e o encontro com nossa essência.

O despertar de minha jornada

Nasci vegetariana em uma família carnívora. Até os 7 anos, costumava brincar com meus amigos visíveis e invisíveis e ouvia alguns sons. Lembro-me de que, quando dormia, conseguia me ver fora do corpo: eu me via dormindo e tinha consciência disso. Tudo era natural e normal para mim.

Estudei no colégio católico mais tradicional da cidade de Jundiaí, no interior de São Paulo. Tive aulas de religião, fiz catecismo, fui coroinha na igreja e fiz crisma. Adorava estudar as histórias de Jesus, pois sempre tive enorme identificação com ele.

Quando tinha 11 anos, meu pai faleceu. Ele passou mal numa noite e, na manhã seguinte, quando saí para ir à escola, uma ambulância foi buscá-lo em casa para levá-lo ao hospital. À tarde, fui visitar meu pai, mas ele não me reconhecia mais. Foi um choque! Naquele dia, chorei muito e me lembro de que não conseguia comer. Minha mãe passou a noite no hospital com meu pai e fui para casa com minha querida tia. Na manhã seguinte, o telefone tocou por volta das 7 horas. Eu atendi e mamãe contou que papai tinha falecido. Naquele momento, consegui ser muito forte. Saí para avisar os vizinhos e amigos próximos, depois fui ao velório e permaneci forte o dia todo. Desabei quando o vi sendo enterrado. Só então me dei conta de que nunca mais iria vê-lo.

Foi tudo muito rápido, e eu queria explicações para o que tinha acontecido. Fui falar com as freiras, com os padres e até com o bispo, mas ninguém tinha respostas para minhas indagações. Por que papai morreu de um dia para outro? Para onde ele foi? Quem é Deus? Por que Deus deixou isso acontecer? Por que morremos? Por que nascemos? Qual o sentido da vida? As perguntas eram muitas e as respostas, inexistentes.

Foi quando iniciei minha peregrinação e busca. A primeira atitude foi ir sozinha a um centro espírita, onde encontrei explicações mais convincentes sobre a vida após a morte. A leitura dos livros *O Evangelho segundo o espiritismo* e *O livro dos espíritos* de Allan Kardec ajudaram a responder algumas de minhas questões. Eles tratam de reencarnação e, dentro de mim, eu realmente acreditava nisso, achava que fazia mais sentido do que simplesmente ir para o céu ou o inferno. Mas parecia que ainda não estava tudo de acordo com minhas verdades internas.

Alguns dias depois de papai partir, tive um sonho revelador. Sonhei que estava brincando de bola na rua em frente à minha casa com algumas amigas e, de repente, vi papai diante da porta principal. Saí correndo e fui abraçá-lo. Muito feliz, eu dizia: "Papai, papai, você voltou! Esta porta está fechada, entre por essa outra porta!". Peguei na mão dele e o conduzi até a cozinha. Os móveis do ambiente em meu sonho eram azuis, diferentemente da vida real. Deixei-o aguardando e corri para chamar minha mãe, que estava no andar de cima. Voltei e sentei, radiante, no colo de meu pai. Eu repetia sem parar: "Papai, papai, você voltou!". Mas ele me respondeu: "Não sou seu pai. Sou um amigo de seu pai de 12 de julho de 1982".

O sonho terminou e, quando acordei, fui contar para a vizinha em cuja casa eu estava hospedada. Mamãe estava no hospital como acompanhante de minha tia, que acabara de ser operada – ela estava com câncer e já fora desenganada pelos médicos. Ela fizera vários exames e fora informada de que o câncer era maligno. Mas quando os médicos abriram para operá-la, mal acreditaram: o câncer se transformara em benigno. Uma vitória! Um detalhe é que minha tia foi operada no dia 12 de julho, mesma data que apareceu em meu sonho. Tentei interpretá-lo e cheguei à conclusão de que meu pai foi buscar ajuda para minha tia não morrer. Ela era fundamental em minha vida naquele momento.

A primeira vez que tive a ideia de escrever um livro foi nessa época. Eu tinha apenas 11 anos e ainda guardo meus esboços do livro que, na época, teria o título "Meu pai, seu espírito, minha inspiração". Papai escrevia muito bem. Nunca publicou livros, mas deixou lindas mensagens registradas em um caderno. São mensagens que o deixaram mais imortal em minha mente.

O acróstico a seguir foi escrito por meu pai no penúltimo Dia das Crianças que passou ao meu lado. Guardo-o com imenso carinho e, em sua homenagem, decidi inserir neste livro. Meu pai não está fisicamente ao meu lado, mas está presente espiritualmente e me fez aprender que o amor é eterno.

Perfil de seu futuro

À filha Adriana, pela passagem do Dia das Crianças neste ano de 1980, dedico. De seu papai, Wilander Barbarini

Antese, na primavera colossal,
Dádiva inconteste da natureza,
Relumbrando os olhos daqueles que podem ver.
Inverossímil beleza divinal,
Altiva e magna fortaleza.
Narcisos, orquídeas, rosas, jasmins,
Amores-perfeitos, antúrios, hortênsias.

Buquês ornamentam a vida,
Acalentando nossa existência,
Radiando muita felicidade.
Brancas pétalas de margaridas,

Alvitram a pureza original,
Radiosa imagem gravada na retina.
Inspiradora dos modestos versos meus,
Nitescência da estrela vespertina,
Indelével virtude dos sonhos teus.

Em busca de mim mesma

Como estava contando, quando meu pai faleceu, decidi sair em busca de respostas. Não as encontrei na escola católica em que estudava nem na igreja. Fui então buscá-las em outras religiões, em outras culturas. Nesse percurso, encontrei diversas verdades, aprendizados, dificuldades e experiências que transformaram minha maneira de ver o mundo. A primeira lição que aprendi é que eu deveria viver o dia de hoje como se não houvesse amanhã, procurando amar todas as pessoas, pois era impossível saber se estaríamos juntos no dia seguinte. Essa percepção me fez valorizar a vida e, desde então, procuro fazer meu melhor todos os dias como se fosse o último, sentir alegria mesmo diante das dificuldades, amar e amar.

Em busca de mim mesma, de entender a vida e a morte, de questionar a origem e a fonte, descobri que o sagrado está aqui e agora, em tudo e em todos. O destino me convocou a sair de minha zona de conforto e a trilhar novos caminhos. Eu não podia mudar o que tinha acontecido, mas podia trabalhar minha reação ao fato, cocriar diante do novo desafio e me transformar de maneira positiva.

Três anos depois que meu pai partiu, abandonei meu pequeno e conhecido mundo em Jundiaí e me mudei para São Paulo. Dos 15 aos 21 anos, trabalhei como modelo. Fiz comerciais de TV, fotos para revistas e participei de desfiles. Decidi estudar administração de empresas porque, na época, ainda não sabia o que escolher e achei que esse seria um curso com muitas possibilidades. No segundo ano da faculdade, tive um professor maravilhoso de marketing, José Luiz Tejon, e decidi que era exatamente o que eu queria. Fiz então pós-graduação em marketing.

Alguns anos depois, fui convidada a trabalhar num complexo empresarial em São Paulo que atua na área de eventos, hotelaria e comércio. Depois de mais alguns anos, aceitei uma proposta para trabalhar em uma empresa americana de telecomunicações. Era uma época de *boom* desse setor no Brasil e consegui crescer profissionalmente. Foi nessa empresa que conheci meu marido e me casei.

Quando fiquei grávida de minha primeira filha, comecei a fazer planos de ter uma vida menos *workaholic*. Deixei meu emprego e montei uma agência de propaganda e marketing. Tive meu segundo filho e continuei administrando minha empresa, até que recebi uma proposta para voltar ao meu antigo emprego na área de marketing. Trabalhei ali por mais cinco anos, até que decidi pedir demissão para dar vazão ao meu projeto pessoal de escrever este livro.

Paralelamente à vida profissional, segui minha jornada espiritual. Minha constante busca de respostas me levou a viajar para lugares espirituais como Israel, Grécia, Egito, Índia, Japão, China, Peru, México, Indonésia, Nepal e mais de 40 países e 180 cidades ao redor do mundo, investigando e adquirindo aprendizados em diferentes culturas e filosofias. Conheci novas pessoas, novos lugares, novas realidades. Busquei em religiões, oráculos, culturas, tradições, livros e experiências de vida, mas foi dentro de mim, por meio de meditações e sonhos, que encontrei as maiores respostas.

Em busca de novos caminhos me aventurei, corri riscos, sofri alguns danos, enfrentei obstáculos, medos e dúvidas. Às vezes me sentia perdida, mas me tornei mais inteira, mais confiante. Nesse percurso não há espaço para nos acomodar. Os desafios, os riscos e a busca são permanentes. Afinal, são inúmeras as pontes que precisamos atravessar para chegar a outra margem do rio. As grandes travessias acontecem internamente e externamente, às vezes elas são simultâneas e outras, paralelas. É a ruptura do antigo para o surgimento do novo e do desconhecido.

A morte é apenas uma transição

Ao procurar respostas para a morte, fui encontrando a vida, a mim mesma e o divino sagrado. Entendi que a morte é apenas uma transição. Nesta jornada em busca de mim mesma, surpreendi-me com as respostas obtidas do divino na sincronicidade da vida, nos sonhos, nas meditações, nas viagens e, acima de tudo, dentro de mim mesma. Foi no lado abstrato da mente que recebi as maiores respostas, que tive as maiores intuições.

O seu universo a você pertence

Por meio de minha própria experiência, encontrei meu caminho na multiplicidade, no denominador comum que achei em todas as culturas, religiões, filosofias e tradições. Descobri que meus valores são o amor, o sonho e a alegria. Senti o mundo além dos cinco sentidos, colocando-me no lugar dos outros com compaixão e enxergando na união a paz, a resposta para tantos conflitos e desarmonia ao redor do mundo. Nesse instante, percebi que meu sonho tem a ver com todas as nações, com a comunidade global, com o planeta inteiro e, ao mesmo tempo, com a fonte maior, que é puro amor.

Estou convencida de que quando sonhamos com nossa alma e queremos expressar o sonho na realidade física, com determinação e perseverança, esse sonho se manifesta. É algo profundo, que vem das entranhas e parece ser mais forte do que nós mesmos. Quando o sonho é a voz de nossa alma, a sincronicidade nos acompanha e nos faz ter certeza de que estamos no caminho certo. Tudo conspira a favor.

Foi exatamente dessa maneira que inúmeros fatos aconteceram em minha vida. Sou guiada por meus sonhos, minha intuição e meu coração. Sou racional, interesso-me pela lógica, mas são meus sonhos que apontam para onde devo seguir. Depois, com as ferramentas da razão, coloco em prática e faço acontecer.

Depois de receber alguns "chamados" através de sonhos, meditações e voz interna, novas coincidências aconteceram em minha vida. No final de semana de 11/11/11, uma amiga me indicou a leitura do livro *A escola dos deuses*, do filósofo italiano Stefano D'Anna. Pouco depois, comprei o livro, mas só iniciaria efetivamente sua leitura no início de 2012. Nessa época eu estava prestes a tomar a decisão de pedir demissão do meu emprego na área de hotelaria, e o livro me acompanhou nesse período.

Em julho de 2012, a amiga que me recomendou o livro de Stefano me ligou avisando que ele viria ao Brasil. Ela quis saber se eu não gostaria de acompanhá-la em uma palestra na PUC, em São Paulo. Foi lá que conheci Stefano, economista, sociólogo, filósofo de ação, escritor, conferencista internacional e ex-reitor da European School of Economics – ESE, com sedes distribuídas em capitais de três países, ele estava acompanhado pelo filantropo e bilionário grego George Koukis. Depois da palestra fomos almoçar com eles. Stefano contou que seu próximo curso, chamado "Futuros líderes para o mundo", aconteceria em Istambul, na Turquia, em menos de um mês. Uma semente foi plantada em minha mente. Em um primeiro momento, tentei encontrar justificativas para não ir ao curso, mas o sonho falou mais alto e, no dia seguinte, iniciei o longo processo de seleção. Eram vários formulários, redações, artigos, entrevistas via Skype. Para abreviar a história, fui aprovada para participar do curso com 30 pessoas selecionadas ao redor do mundo e embarquei para a Turquia.

O corpo docente do curso era formado por prestigiados professores e profissionais de sete nacionalidades, encarregados de ministrar aulas de arte, música, teatro, filosofia, economia das ideias e psicologia do sucesso. O tema central era o indivíduo. É um aprendizado sobre si próprio, na busca de integridade e ética. Tendo como princípio a analogia alquímica sobre a molécula de chumbo e ouro – a primeira, com 82 prótons, e a segunda, com 79 prótons, têm entre si uma diferença de apenas três prótons –, o curso nos mostrou que para o chumbo virar ouro não é preciso adicionar nada, e sim retirar. Assim, a proposta do curso era retirar os paradigmas e dogmas, as histórias formatadas do velho mundo, o medo e a insegurança de futuros líderes, para que possam brilhar pela maestria de si mesmos, de maneira independente, ética e íntegra, contribuindo dessa forma para mudar o mundo e a humanidade.

Voltei ao Brasil decidida a escrever meu livro e a ajudar a difundir o programa "Futuros líderes para o mundo". A ideia era que Stefano viesse lançar o projeto durante um congresso para 1 000 jovens empreendedores, em setembro de 2014. O evento, no entanto, teve de ser cancelado às pressas por um fato inesperado: dois meses antes do congresso, Stefano comunicou ter um câncer avassalador e faleceu na suposta data do evento no Brasil. Mas, como ele próprio dizia, "o homem pode morrer, mas sua ideia viverá para sempre". Foi assim que assumi o compromisso de levar a ideia e o projeto adiante, por um mundo melhor.

Capítulo 2

O amor

Só existe uma casta, a casta da humanidade. Só existe uma religião, a religião do amor. Só existe uma linguagem, a linguagem do coração. Só existe um Deus e este é onipresente.
Sathya Sai Baba

O amor universal

Gostaria de abrir este capítulo com um texto que escrevi há alguns anos após uma profunda meditação, que plantou em minha alma uma semente me incentivando a escrever este livro e transmitir as mensagens recebidas. Quero falar sobre o amor universal e transcendental que rege nosso ser. O amor que é único e sempre possui espaço para mais um. O amor que vem de dentro, que é dado pela doação e entrega, que é luz e capaz de transformar o que toca. Quero falar sobre o amor ser mais potente que o próprio poder, pois este sem amor destrói, enquanto o edificado com amor constrói.

Ao deparar com a morte ainda na infância e procurar o significado da vida, encontrei no amor a resposta para minhas indagações. Basicamente, a minha jornada desde então consistiu na busca do significado da vida e da morte, da presença e da ausência do amor. Nesse percurso, descobri que a palavra amor significa "não morte" = a (não) mor (morte).

Todos nós devemos almejar o amor, o poder e a inteligência criativa, pois Deus é tudo isso e muito mais. Diversas vezes, porém, nos perdemos na trajetória por nos deixar enganar pelas ilusões das leis humanas que regem o planeta. Essas leis não são universais, não são as leis de nossa alma. Somos bombardeados diariamente por notícias e leis dos homens, não pela lei de Deus. Queremos muitas vezes o poder da Terra e não o poder do Céu. Essa escolha, frequentemente sem consciência, prolonga o caminho de retorno ao Pai.

A maioria das pessoas que habita a Terra só consegue ver e ouvir as leis dos homens e se considera dona da verdade. Em meu ponto de vista, deveríamos ouvir mais a voz de Deus, a voz que está dentro de nós e que, mesmo trilhando caminhos diferentes daqueles percorridos pela grande maioria, está correta e nos leva de volta à grande fonte de toda luz do universo.

A unidade do amor

O maior poder do universo é o amor porque ele é ilimitado e incondicional – é luz, pureza, misericórdia infinita, bênção e graça divina. Mensuramos o amor por nossa capacidade de doar, e não de receber, pois o ato de receber depende do outro, enquanto o ato de doar depende de nós.

O amor está em uma dimensão fora do tempo e simultaneamente em nosso coração. Somente através desse sentimento encontramos a imortalidade de nosso ser. Ele trabalha na linha da energia vertical que nos conecta ao divino. Tudo o que vivemos e experimentamos do amor permanece em nosso interior. Tudo o que não é amor é ausência, é falta de luz e será substituído pelo amor no decorrer de nosso aprendizado. Esse é o fluxo natural, no qual nos aprimoramos por meio de autoconhecimento e experiência.

Viemos da unidade do amor, a raiz é puro amor e contém tudo em seu interior. Somos fragmentos da mesma origem, somos a semente que tudo contém em seu interior. Precisamos nos resgatar e nos integrar individualmente para que, por meio desse experimento da dualidade na matéria, possamos voltar para a unidade, primeiramente de nós mesmos e, consequentemente, da fonte, na qual todos somos um. Com a integração de nossos corpos físico, emocional, mental e espiritual, caminhamos para o equilíbrio de nós mesmos, onde o amor une nossos fragmentos individuais e coletivos, onde tudo contempla na unidade do amor, sem divisões e distorções.

Como mensuramos a vida?

Eu mensuro minha vida pelas estações de amor vividas, pelo amor que tenho em meu coração e pela quantidade dele que consegui entregar e entrego diariamente. Tenho muito amor em meu coração e quero deixar este legado quando partir. Sei que o amor é eterno e em minha alma ele sempre estará, mas gostaria muito que essa magia pudesse inspirar e contagiar outros que ainda sentem medo ou resistência em amar. Muitos não querem ter esse sentimento que às vezes machuca e faz chorar, apesar de ser o mais puro e transformador.

Precisamos nos amar em primeiro lugar, nos valorizar, nos conhecer melhor, descobrir nossa verdade interior e nos render ao amor em todos os sentidos. É ele que nos conduz no caminho do coração, da intuição, dos sonhos, da realização, da paz e da felicidade. Qualquer outro caminho nos leva apenas à razão, à mente ou ao instinto de sermos mais animais e menos divinos.

Vamos amar e ser mais divinos do que humanos. Vamos unir nossas partes para completar o lindo mosaico do amor humano na Terra. Vamos ter compaixão por todos os seres e nos colocar em seu lugar, aprendendo a renunciar e nos sacrificar por um objetivo maior.

Que o amor penetre no coração da humanidade para que possamos, juntos, vivenciar os ensinamentos dos grandes mestres, dando um sentido maior às nossas vidas.

O amor divino

O que é o amor divino? É um amor incondicional, universal, cósmico, puro, íntimo, eterno, o início e o fim em si mesmo. Ele se basta, alimenta quem o sente e irradia para todos os que o assimilam e absorvem. Esse amor deve ser sentido no coração e na alma. As palavras não conseguem descrever sua magnitude. Quando o sentimos, entregamo-nos ao divino para sermos instrumentos na transformação do mundo rumo ao caminho do amor e da paz.

A alma ama incondicionalmente, não tem limites, é polígama, plena de êxtase, capaz de amar a todos. Ela vê Deus em cada um de seus semelhantes, não enxerga separação, vê todos os seres unificados, como partes do um. Está o tempo todo amando, pois ama a Deus e todos os seus reflexos em cada ser.

A alma que sente a presença de Deus em seu interior conhece a serenidade e a felicidade secreta divina. A consciência se expande, o êxtase inunda o ser e mistérios são revelados através da simbologia repleta de significados. É como absorver uma realidade muito mais ampla no golpe de um instante. Não é possível compreender com mentes céticas e racionais.

Quando a alma prova o divino, não há caminho de volta, ela nunca será a mesma após esta expansão.

Acredito que o amor seja a essência dos ensinamentos de Deus, o denominador comum das múltiplas realidades que coexistem no universo. O amor é o princípio de tudo – sem ele no coração, nada de importante podemos alcançar. Somente com amor podemos nos libertar e ajudar nossos semelhantes, curar a humanidade do sofrimento e nos tornar células propulsoras da transformação humana. Quando amamos o semelhante como a nós mesmos de forma desprendida, transformamos o destino dos seres humanos. Mahatma Gandhi dizia: "Quando um homem chega à plenitude do amor, neutraliza o ódio de milhões".

O amor próprio

Quando despertamos nosso amor, despertamos também nossa consciência, ampliamos nosso horizonte, aprendemos a ser e a criar. É um processo do eu interior em busca de si mesmo. Procuramos no exterior para encontrar e nos realizar no interior. Não importa quanto o outro nos ama, mas quanto somos capazes de amar. Amor próprio é autoestima, é onde repousa nossa alma, independe do que o outro acha a nosso respeito. O que importa é como nos sentimos, quanto nos vemos fortes, quanto nos amamos e somos capazes de amar.

A vida é uma escolha e para cada escolha há uma renúncia. Escolhemos ser felizes ou infelizes. A força está em nós. Podemos escolher a alegria todos os dias, mas como somos seres em construção, geralmente não conseguimos atingir esse estágio. É preciso então força de vontade para modificar o que não gostamos. É necessário trabalhar com nossas emoções e dirigir nossa própria vida.

Devemos amar nosso corpo, nossas emoções, nossos pensamentos, nossas atitudes, amar o que fazemos e, quando não mais amarmos, devemos ter coragem de agir com o coração para mudar. A palavra "coragem" vem da raiz latina *cor*, que significa "coração". Os corajosos vivem com o coração, enquanto os medrosos são movidos unicamente pela mente.

Precisamos ser autênticos com nós mesmos, nos explorar e conhecer as camadas mais profundas. Precisamos aprender a guiar a mente de acordo com a verdade do coração, que nunca nos engana. Temos de ser mestres de nosso destino e capitão de nossa alma, assim como o grande Nelson Mandela narrou e viveu. Precisamos alinhar as emoções, os pensamentos e as atitudes. Assim, nosso ser caminhará unido para um mesmo destino e não ficará preso em situações conflituosas. Precisamos estar abertos para o novo, pois, quando descobrimos e encontramos algo, uma nova porta se abre e revela uma desconhecida realidade.

Temos asas e podemos voar, mesmo que ainda não tenhamos essa consciência. Em essência, somos amor e liberdade, pois amar é ser livre e ser livre é amar. Quanto mais formos capazes de amar, mais livres seremos. E quanto mais livres formos, mais amorosos seremos, tornando-nos mais felizes e conectados com vibrações superiores. Quando amamos e somos livres, abrimo-nos à plena realização.

Algumas pessoas dizem que não querem se envolver em determinada relação de amor porque têm medo de se machucar e não ser correspondidas. Não importa receber amor em troca de nossa doação, apenas dar. Quando praticamos e aprendemos de fato essa regra, amamos pelo simples fato de amar. O sentimento é nosso, sem nenhuma ambição ou pretensão. É preciso amar com pureza, com verdade interior, sem medo de nada, pois do amor nada devemos temer.

O amor é eterno, é a linguagem da alma, dura muito mais do que imaginamos – talvez não no físico, mas com certeza na alma. Todo tipo de amor é um sábio investimento em si próprio e nos outros. Os verdadeiros tesouros são as relações humanas estabelecidas na conexão do amor, as amizades que reencontramos ou que construímos, antigos ou novos parceiros de jornadas. O amor é a energia mais transformadora que existe – quanto mais se dá, mais se recebe.

Por que esse vazio na alma?

Por que às vezes sentimos que nos falta algo ou alguém? Por que não nos sentimos completos? Será que nos falta autoestima? Por que precisamos de alguém? Todos nós temos a semente do amor em nós. Somos o fruto dela, dessa essência divina que foi implantada em nossa concepção, com a união do masculino e do feminino. A complexidade e a simplicidade se entrelaçam em nossa origem, mas não nos sentimos completos.

Por que sentimos um vazio e desamor por nós mesmos? E a falta de identificação e união com o próximo? Isso ocorre por falta de luz e presença, por nos guiarmos pelo externo, pelos valores materiais e não pelos valores internos. É fundamental desatar os nós do desamor, pois só o amor é capaz de criar laços e desmanchar os nós. Devemos amar uma pessoa pelo o que ela é em sua essência e não por aquilo que ela fala, faz ou deixa de fazer. Só o amor tem esse poder.

A essência pura e divina é amor. No entanto, no mundo em que vivemos, cada ser humano está em uma sintonia interna diferente. Com o autoconhecimento, caminhamos para o encontro com nós mesmos e, nesse resgate da essência, encontramos paz, harmonia, equilíbrio, integridade e unidade. Quando nos amamos, acreditamos em nós mesmos, desenvolvemos nosso potencial, emanamos luz e nos tornamos magnéticos. As pessoas se sentem atraídas pela boa energia e vibração. Amar a si mesmo, portanto, não é egoísmo. Ao contrário, é saber amar os outros como a si mesmo, seguindo o grande ensinamento de Jesus Cristo.

O amor é único, abrangente. O maior exemplo é o amor maternal, incondicional, visceral, único para cada filho, mas sempre com espaço para mais um. Todos os seres humanos deveriam amar uns aos outros como a maioria das mães ama seus filhos, entregando e trocando facilmente sua vida pela de seu filho, doando para salvar o outro, sem hesitar. Amar é somar, multiplicar e dividir – nunca subtrair.

O amor é luz

O amor é a luz que nos guia e indica o melhor caminho para cumprirmos nossa missão. Quando não sentimos e não praticamos o amor, deixamos de entender o processo e o caminho fica mais denso, mais escuro – e essa falta de luz acelera o caminho do aprendizado pela dor. De qualquer modo, iremos atingir o objetivo porque todo ser humano vem para se autorrealizar, seja através do amor, seja através da dor, de forma mais rápida ou mais lenta.

Precisamos ter consciência para despertar através do amor. Caso contrário, desgraças acontecerão para nos despertar pela dor. Cedo ou tarde, com mais ou menos sofrimento, iremos acordar, pois é certo que a semente irá se transformar. Quando perdemos o rumo, às vezes precisamos retornar, refazer alguns passos para prosseguir. Todo fracasso, quando entendido e corrigido, gera a futura vitória. A escolha é sempre nossa. Somos nossas escolhas.

Cada um deve contribuir com o melhor de si, expressando o amor e a vida com alegria. Somente dessa maneira uma visão mais ampla aparecerá e nossos véus serão retirados para darmos continuidade ao nosso caminho evolutivo. Precisamos nos manter conectados com nosso interior, gerando luz e amor para um propósito maior.

Capítulo 3

A transformação

Há um tempo em que é preciso abandonar as roupas usadas, que já têm forma do nosso corpo, e esquecer os nossos caminhos, que nos levam sempre aos mesmos lugares. É o tempo da travessia e, se não ousarmos fazê-la, teremos ficado, para sempre, à margem de nós mesmos.
Fernando Pessoa

Uma obra em construção

Enquanto escrevia este livro, muitas e profundas mudanças aconteceram em minha vida e permitiram que eu seguisse minha voz interior e expressasse minha verdade, que não é única ou imutável, pois sou apenas uma obra em construção. Durante esse processo, senti-me como uma abelha fazendo o mel ou uma crisálida em seu casulo. Eu não era mais a lagarta de antes nem ainda a borboleta de depois. Em um primeiro momento, quis deixar minhas memórias registradas para meus filhos ou para qualquer pessoa que viesse se interessar por minha maneira meio fora da curva de observar e assimilar a vida. Em um segundo momento, percebi, ao reler textos antigos escritos por mim, que mantive a essência. Entrei no processo de construir minha mandala interior, de reunir as peças espalhadas de meu quebra-cabeça pessoal. Escrevia textos conforme minha inspiração ou vivência diária. Não existia uma ordem cronológica, e sim intuição para mapear minha rota no universo da vida.

Tudo foi se encaixando e cada vez mais fazendo sentido para mim. Percebi que, ao escrever para o "outro", escrevia para mim mesma, pois o "outro" sou eu. Em mim existe um pouco de cada ser, e a manifestação externa é reflexo do interno.

Este capítulo, em particular, ficou alguns meses sem ser trabalhado. Foi depois de uma morte em família que o texto fluiu. Foi mais ou menos assim: eu estava me sentindo extremamente conectada com o divino e feliz. Naquela semana, senti uma ansiedade de finalizar logo meu livro. Acordava de madrugada e pensava que tinha de terminar o mais rápido possível. Conversei sobre isso com meu marido, e ele disse que não era preciso ter pressa, que tudo tinha seu tempo. Naquele mesmo dia, conversei sobre essas coisas ao telefone com minha querida tia. Ela disse que a busca nunca acaba e finalizamos nossa conversa como de hábito, dizendo: "Eu te amo". No dia seguinte ela faleceu, e fiquei por algumas semanas sem trabalhar no meu livro. Quando retomei as atividades, o primeiro capítulo que me chamou a atenção foi este. A sensação que tive é que aquilo tinha sido escrito para mim mesma e para aquele momento.

Algumas de minhas mudanças

As maiores mudanças durante o processo foram internas, embora o fato de largar minha carreira de executiva para escrever um livro tenha tido um grande impacto em minha vida.

Sinto a transformação em minhas entranhas! Algo mudou dentro de mim no processo de costurar minha colcha de retalhos. Ao finalizar essa etapa, pareceu que não me encaixava mais no antigo espaço ocupado. Minha intenção é levar para outras pessoas um pouquinho do que aprendi e estou aprendendo na escola da vida, inspirando para que cada ser resgate seus próprios aprendizados e histórias para reconhecer o universo pessoal onde habita e respeitar o universo do próximo, que provavelmente é bem diferente. Cada um constrói seu próprio mapa e, de acordo com a Programação Neurolinguística, mapa não é território.

Segundo Maslow, quando fazemos uma mudança no alto da pirâmide, no plano espiritual, relacionado a nossa experiência de pertencer a um sistema muito mais amplo que nossa própria identidade, ela se repercute em todos os demais níveis abaixo da pirâmide: identidade, crenças e valores, capacidades, comportamentos e ambientes. Quando mudamos qualquer nível abaixo, ele não altera os níveis acima.

Uma mudança de crença gera mais ou menos duas mudanças de capacidade, que geram duas mudanças de comportamento, que geram oito mudanças no ambiente. Imagine uma mudança maior no nível espiritual? Os números são fictícios, somente para exemplificar a Teoria de Maslow aplicada à PNL e à minha vida.

Eu digo sim à vida, e a transmutação sempre me acompanha. Ao trilhar o caminho desconhecido, pessoas aparecem e o novo surge. Foi exatamente dessa maneira que, ao finalizar meu livro, fui parar em um curso de pós-graduação em psicologia transpessoal.

Participei de um curso sobre Teoria U ministrado na Fundação Getulio Vargas (FGV) em parceria com o MIT. Lá fiz uma nova amizade, e ela insistiu muito para eu ir ao seminário do Stanislav Grof, um dos fundadores da psicologia transpessoal que estaria no Brasil. Fui e me encantei! Ele descreveu meu processo em cinco minutos de conversa.

Foi lá também que conheci a fascinante Vera Saldanha, uma das pioneiras em psicologia transpessoal no Brasil, que me convidou para almoçar e falou sobre a pós na Associação Luso-Brasileira de Transpessoal (Alubrat). Resumindo, me inscrevi no curso e na primeira aula decidi encaminhar meu livro para a Vera ler e a convidei para fazer o prefácio dele. Para minha alegria, ela aceitou. Na metade do curso, entendi que escrevi um livro totalmente transpessoal sem ter o menor conhecimento sobre o assunto. Simplesmente seguindo minha intuição, acessei uma parte de meu inconsciente e também do inconsciente coletivo, onde todos nós estamos ligados na teia cósmica. Formada em psicologia transpessoal, aprendi técnicas incríveis para aplicar com meus clientes e ajudá-los no processo de autoconhecimento e desenvolvimento espiritual através de suas próprias experiências de vida.

Aqui estou, no caminho da constante autotransformação, me reconstruindo a cada dia, buscando a mim mesma, amando intensamente, alimentando sonhos, experimentando, percorrendo o caminho no preparo para que eu seja "a pessoa que eu estava esperando". Não há resposta pronta, são infinitas realidades que se sobrepõem, a dúvida existe e sei que muito preciso aprender na escola da vida.

O que você faria...

O que você faria se soubesse que só tem seis meses de vida? O que faria se soubesse que tudo ao seu lado iria mudar brevemente? O que faria se soubesse que está para perder alguém que ama nos próximos meses, sem saber quem? O que faria se perdesse todo seu dinheiro de um dia para outro? O que faria nessas situações? Quais são seus valores? O que o torna feliz? Seu trabalho? Dinheiro? Amores? Viagens?

O que importa é a *luz* e o *amor*. Não temos certeza de nada – a única certeza que nos acompanha é a mudança. Nenhum dia é igual ao outro. Por isso, vamos viver o hoje e levar luz e amor para o maior número de pessoas que conseguirmos. Vamos nos unir no amor e viver o dia de hoje como se fosse o último, fazer o que realmente nos encanta e motiva, brincar e sorrir com as crianças que ainda não despertaram para este louco mundo da matéria, dedicar tempo aos amigos e às pessoas queridas, voltar ao ponto em que os momentos eram banhados pelas amizades inocentes da infância, quando dormir no colo da mamãe era o melhor lugar do planeta. Vamos focar nas coisas simples e profundas, na sabedoria que vem de nossas almas, conectando-nos com o ser superior e fonte de toda luz e proteção. Vamos nos alinhar com o que vem do alto.

Mudança pela transformação da consciência

Estamos chegando a um momento de mudança coletiva da sociedade, mas, acima de tudo, uma mudança interna do ser humano, uma mudança que vem de dentro para fora e é individual. Essa mudança é baseada na transformação da consciência. O processo é individual, mas se reflete no coletivo. Nosso tempo de percepção emocional está acelerado. A distância entre causa e efeito tem diminuído, e o que pensamos se materializa rapidamente.

Toda mudança provoca a morte de uma fase para o surgimento de outra. Muitas vezes nos deparamos com a morte física ou com o distanciamento emocional de uma pessoa que amamos. Outras vezes, com a morte coletiva ocasionada por catástrofes naturais como terremotos e tsunamis. Outras vezes ainda, com conflitos econômicos e sociais impactantes que geram mudanças radicais. Todos esses temas relacionados à morte nos fazem refletir e repensar nossas vidas com o intuito de corrigirmos os rumos. É um grande despertar de consciência individual e coletiva. As crises fazem parte do processo.

Nesse momento de expansão da consciência no caminho da luz, temos também o despertar da escuridão, a destruição, a agressividade e o confronto do homem com o homem. É um período de mudança de si mesmo, de encontro consigo mesmo por meio do caminho do amor ou da dor. Crescer em consciência é assumir a responsabilidade pela criação e expressão da individualidade. Somos agentes transformadores, células de um corpo cósmico. Precisamos nos sincronizar com o universo e dançar conforme suas leis, nos entregar e misturar nossa gota de água neste grande oceano cósmico e entender que nossa consciência tem o poder de modificar a matéria. Dessa forma, nossa vida é o reflexo do que pensamos e criamos.

A transformação nos fará seres melhores

Sempre podemos evoluir. A mudança vem de dentro para fora e só somos capazes de mudar a nós mesmos. Ninguém é capaz de mudar o outro que não queira mudar. Podemos ser instrumentos, um exemplo, uma lanterna ou um espelho para o outro, mas não podemos passar pelo processo de transformação em seu lugar.

Devemos focar no nosso coração, observar nossos pensamentos, discernir, sermos o mestre de nós mesmos, utilizando nossa consciência superior para ver com mais clareza a nós próprios, os outros, todos e um só ao mesmo tempo. Temos de nos esforçar e nunca desistir das mudanças diárias que começam por pequenos gestos, pois são elas que proporcionarão grandes mudanças posteriores. Todo movimento deve estar ligado ao desejo de atingir objetivos maiores. A responsabilidade pessoal é fundamental para despertar a consciência e afastar o medo de mudanças intensas e aceleradas que estão acontecendo na humanidade.

A Terra está em transição. Tudo está instável e a única coisa que podemos controlar são os nossos corpos físico, emocional e mental. Temos de buscar o equilíbrio para falar e fazer o que sentimos e pensamos, não agir de forma conflitante. Nosso corpo, nossas emoções e mente devem trabalhar juntos rumo a uma mesma direção. Muitas vezes nossa mente está no futuro ou no passado, pulando constantemente de um pensamento para outro sem se dar conta do momento presente, sem prestar atenção nos sentimentos do coração e nos sinais da intuição. O trabalho é grande, mas possível, e envolve presença e atenção.

Transformações internas e externas

Existem vários tipos de transformação. Um deles são as transformações internas, que através do despertar da consciência, nos levam a estágios não conhecidos, mas desejados, onde existem o sonho e a incerteza do novo. Há também as transformações mais brutas impulsionadas por algo externo, mais agressivo, que nos pega de surpresa e muda nossa rota da noite para o dia, vira nossos mundos de cabeça para baixo e nos faz observar um ângulo diferente da antiga realidade com que estávamos acostumados. Saímos da zona de conforto e somos obrigados a lidar com o desconhecido, muitas vezes sem estarmos preparados para isso.

Sempre temos a opção de chorar, desistir da vida, lutar contra ou a favor do algo novo que surge. Podemos decidir morrer por dentro porque alguém que amávamos partiu ou podemos despertar um novo ser dentro de nós, um ser mais forte, mais resistente, um ser que irá experimentar novas situações, conhecer novas pessoas e se transformar em um indivíduo mais completo.

A dor, os ferimentos e as lágrimas fazem parte do processo. Podem ser mais intensos ou contidos, mais expressos ou reprimidos, menos doídos ou exacerbados, mas depois do impacto da descida, temos de encontrar o caminho para voltar à tona e respirar ar puro. Depois de descermos ao fundo do poço, o único caminho é a volta. Assim, vamos lutar pela sobrevivência de um ser com mais luz, fazendo do caos um passo para o Tao.

O Tao pode ser entendido como o caminho de transformação do homem, na busca da unidade consigo mesmo, com os outros e com a natureza. Tao significa o "Absoluto", a totalidade, incluindo o visível e o invisível, o ser e o não ser juntos. Tao em chinês é o caminho, o caminhante e a ação de caminhar, é o Criador, o Criado e a criação, é o vazio e a forma, e a transformação que une os dois.

A águia nos ensina muito sobre esse momento. Ela vive até 70 anos, mas, para poder chegar a essa idade, aos 40 anos ela precisa decidir entre viver ou morrer, pois com sua atual estrutura não conseguirá mais agarrar presas para se alimentar, porque o bico está alongado, as unhas compridas e as asas pesadas. Se decidir pela vida, ela terá de enfrentar um doloroso processo de renovação por 150 dias. Terá de voar para o alto de uma montanha e se recolher em um ninho próximo a um paredão onde não precise voar.

Terá de bater seu bico na parede até arrancá-lo, depois esperar que nasça um novo bico, para com este arrancar suas unhas e com as novas unhas arrancar as velhas penas. Somente após esse processo de renovação, que dura cinco meses, ela poderá voar por mais 30 anos.

Assim somos nós: sem renovação, transformação e mudança, não podemos alçar voos mais altos, polinizar flores e lançar sementes.

O Tao e o caos

A vida é feita de ciclos. Num determinado momento parece que tudo dá certo, em outro parece que só coisas ruins acontecem. Tudo está interligado. A teia da vida é feita de momentos do Tao e do caos. Não podemos construir o novo edifício sobre uma velha construção, é preciso demolir o antigo para dar espaço ao novo. Muitas vezes, entre a decisão da demolição e a completa edificação do novo, temos saudade do período de comodidade em nossa antiga casa, mas é preciso partir com coragem, determinação e força de vontade. É fundamental seguirmos em frente com a verdade do nosso coração e a intuição que nos guia para propósitos mais altos.

Na teoria do Tao e do caos nunca queremos mudar quando estamos vivendo o Tao, mas quando estamos no caos de nossos relacionamentos e atividades, não podemos nos acomodar e sermos infelizes. Devemos batalhar pelo amor de nossa alma e pela realização como caminho de transformação.

O caos é uma determinada ordem com a qual não estamos acostumados. É uma transição que nos levará para algo novo de nós mesmos. Caos são infinitas possibilidades, são muitos caminhos desconhecidos. O *tsunami* destrói tudo, leva o que não gostamos e também o que gostamos, o que não amamos e também o que amamos, devasta o passado para construirmos algo novo. Devemos aprender a amar tudo o que nos será dado e não lastimar por tudo o que nos foi tirado, pois o que realmente está em nossa essência nunca se perde.

Tudo o que existe é aqui e agora

Precisamos nos conscientizar de que o momento presente é o resultado de nossas ações do passado e de que são nossas ações agora que irão gerar nosso futuro. Assim, tudo o que existe é aqui e agora. São nossas escolhas que determinarão nosso ser. Passado e futuro se unem aqui. É o símbolo do infinito, no qual a intersecção representa a união, o ponto, a origem, a consciência para nos remeter à causa do efeito que estamos vivendo.

O laço do infinito se faz na conexão do equilíbrio entre o passado e o futuro. Transmutando energias discordantes, criamos o futuro por meio da automaestria. Somente com a auto-observação existe a mudança, somente olhando dentro encontramos a explicação para o mundo interno e externo.

É preciso ter coragem e determinação nessa viagem, lançando luz sobre a escuridão, lidando com a sujeira no intuito de limpar e não julgar ou culpar. Pensar que agora podemos purificar e perdoar a nós mesmos porque enxergamos o que antes não tínhamos consciência ou sabedoria proveniente da arte de amar.

Foque o prazer, não a dor. Foque a solução, não o problema

Todos nos deparamos com problemas e dores no decorrer de nossa jornada. A diferença é como os enfrentamos. Podemos fazer dos obstáculos um ponto de luz para iluminar o caminho ou então ficar paralisados, lamentando-nos por ele existir. Para solucionarmos um problema, precisamos pensar de forma diferente de quando o criamos. Quando passamos por uma crise, nosso mundo interno desmorona para construirmos um novo, revendo conceitos ultrapassados e reafirmando nossos valores. Precisamos fazer bom uso de nossos talentos, capacidades e aptidões, destruindo formas antigas e dando lugar ao novo, algo que seja compatível com nosso crescimento interno. Quando mudamos nossos pensamentos e temos atitudes frente às situações que enfrentamos, mudamos nossa vida.

Nós somos o agente de nossa mudança e podemos escolher não fazer de nossa vida um rascunho, pois podemos não ter tempo de passá-la a limpo. Se ficarmos esperando por grandes momentos de prazer, podemos perder a oportunidade dos pequenos e intensos momentos oferecidos diariamente pela vida, seja o sorriso de uma criança, um filme ou um livro que nos motiva, seja qualquer outro ato singelo e profundo que pode nos despertar para focarmos mais no prazer do que na dor.

Devemos nos fortalecer, exercitar o corpo, a mente e o espírito para estarmos mais fortes quando formos abordados pelas intempéries. Se plantarmos em nossa terra, não será a primeira chuva que irá arrastar a vegetação – as árvores terão criado raízes no solo e produzirão frutos, as podas existirão, mas novamente ressurgirão inteiras. O plantio é opcional, mas a colheita é obrigatória.

Quanto mais otimistas, maior a vibração para solucionarmos problemas. Quanto mais prazer proporcionarmos a nós mesmos e aos demais, menor a intensidade de nossas dores. Os problemas serão os mesmos, mas o foco na solução será diferente.

Transformar-nos é a conquista do direito de errar

Todos nós temos o direito de errar. Isso faz parte do processo de aprendizado. Se tivermos medo de errar, não faremos nada e nunca saberemos se poderia ter dado certo. Nossos erros nos tornam mais fortes, mais conhecedores de nós mesmos e de nossa realidade interna. O erro é o resultado de um caminho desconhecido, uma estrada não percorrida, uma bifurcação que, antes de a trilharmos, não tínhamos certeza de onde iria dar. Poderia ter sido um sucesso.

Viver é a aventura de nos conhecermos, de nos descobrirmos, de experimentarmos, de arriscarmos, de nos expressarmos. Temos asas e muitas vezes achamos que não podemos voar. Às vezes nem sabemos que as temos. Outras vezes olhamos o penhasco do alto e saímos seguindo caminhando com nossas patas de pato até chegarmos a uma colina mais próxima. Muitas vezes esse percurso é o decorrer de nossa vida inteira. Talvez se tentássemos voar de um pequeno monte até outro, em uma altura quase insignificante, teríamos descoberto que seria possível e, com a motivação interior dessa pequena grande conquista, teríamos alçado outros treinos e trajetórias. Talvez até mesmo tivéssemos conseguido em uma única vida voar no alto de muitas montanhas.

A decisão é nossa. Estamos em uma missão, em uma jornada interior de descoberta de nós mesmos. Não podemos permitir que a visão ofuscada do outro nos impeça de alçar voos. Precisamos descobrir o que somos, ser o que somos, relembrar nossa origem divina. É fundamental estarmos dispostos a encontrar, a errar para acertar e chegar a nossa maior realização do ser.

Transformação revolucionária

A maior transformação de todas ocorre quando aceitamos a transição de nossa consciência/ego para a consciência universal. É quando o lado espiritual começa a ser mais atrativo do que o lado material. Todavia, esse é um longo processo. Tendemos o tempo todo a nos iludir pelo que se apresenta como real na Terra.

Deixe sua luz interior brilhar, ame as pessoas. Muitas vezes sua luz pode provocar medo naquelas que não a entendem e não a reconhecem. Sua luz pode ajudá-las e erguê-las de seus dramas pessoais, fazendo-as enxergar o que está dentro delas e contribuindo para que sejam mais conscientes de suas escolhas e da responsabilidade da criação em suas vidas.

No entanto, não se assuste se essas pessoas se afastarem de você. Inconscientemente, elas têm medo de serem queimadas pelo fogo de sua alma. Só podemos ajudar quem quiser se ajudar. Só podemos ser um instrumento no processo para quem quiser se transformar, pois, para que haja a mudança, o lodo que se encontra no fundo do copo virá à tona e muitos acham que é possível limpar a água sem mexer na sujeira do fundo. Isso não é possível. Para que haja transformação e mudança, é necessário enxergarmos o processo que dá origem ao lodo, desconstruir essa fonte e abrir outra que jorre mais água limpa e luz.

Para mudarmos nossas vidas precisamos assumir a responsabilidade em vez de nos sentirmos vítimas do sistema e obedientes a protocolos externos e manipuladores. A transformação revolucionária deve ser feita no silêncio do coração do homem, na mente humana se voltando para a luz. As formas exteriores serão apenas consequência dessa mudança interna em cada ser.

Morte, a grande transição

Em uma cena de um dos filmes de Harry Potter, ele e Luna Lovegood estão na floresta e observam a passagem de testrálios, animais que outros alunos não conseguem enxergar. Ele se questiona do porquê, e ela responde: "Só consegue enxergar quem viu a morte de perto".

Quando conhecemos a morte de perto, indagamos mais sobre o significado da vida e de seus reais valores. Passamos a dar mais importância para o momento presente, por não termos certeza de que estaremos vivos daqui a alguns minutos ou de que a pessoa que amamos estará fisicamente ao nosso lado. Aprendemos que todo instante é único, que esse momento pode ser o último em que vemos ou falamos com determinada pessoa. Devemos, portanto, ser e fazer o melhor de nós o tempo todo, dando importância para aqui e agora.

Para enfrentarmos a morte mais naturalmente e com menos sofrimento, precisamos buscar verdades mais elevadas, questionando seu profundo significado e até mesmo sua existência. O que é a morte? Não seria somente uma transição para outro estado no qual não temos mais o corpo físico? A morte não pode ser uma revelação de nosso mais profundo ser? Com ela não tiramos os véus que nos levam a nossa verdadeira essência? Não é uma continuação do que sentimos e praticamos durante a vida com um nível mais profundo de discernimento e consciência?

A morte é uma grande transição e, ao mesmo tempo, uma continuação. É uma dissolução interior de emoções e pensamentos mais densos, é o nosso ser superior livre do corpo e das limitações da matéria, mas conectado com a parte mais sutil. São como fios entrelaçados que se interconectam em nossos planos de consciência e no universo.

A prática da meditação nos prepara para uma morte sem medo, com menos conflitos internos e maior libertação. Existem vários estilos de meditação, mas um ponto em comum é que todos eles nos levam a uma conexão maior com nós mesmos, com o universo, com a criação e com o grande criador, fazendo com que nos sintamos unidos ao todo e com a certeza de que todos somos um. Fazemos parte da mandala cósmica, um círculo que simboliza o universo, uma representação geométrica da dinâmica relação entre o homem e o cosmo, o retorno a unidade. Somos a luz que irradiamos de dentro e, ao mesmo tempo, vemos externamente. Somos a unificação com Cristo no encontro do criador.

No momento da morte devemos nos entregar completamente, confiando no poder supremo, desapegando de coisas materiais, das preocupações e encarando o fato como uma transição, uma iniciação otimista e não negativa. Se assim procedermos, a passagem será muito mais leve e tranquila.

A vida é uma viagem e você é o turista que decide aonde quer chegar

As pessoas que morrem felizes são as que cumpriram sua missão na Terra, mas a grande maioria se arrepende do que não fez. Antes de nascerem, traçaram um objetivo espiritual, mas muitas vezes acabam se desviando do propósito original e se perdendo no livre-arbítrio de se mover dentro da caixa. Vejo nosso livre-arbítrio como a capacidade de nos locomovermos em um espaço limitado estabelecido pelo todo que está dentro de nós ou de nosso eu superior. Podemos escolher caminhos em um mapa delimitado por nossa alma antes de encarnarmos. Podemos ir e vir, encontrar vielas e ruas sem saída, mas não podemos percorrer o mapa estabelecido por outra alma – somente ela terá acesso a esse mapa.

O caminho mais fácil é nos conhecer, estudar o mapa e estabelecer estratégias. É importante estudar aonde queremos chegar e o melhor caminho para atingirmos nosso objetivo. Podemos nos comparar a um turista em um país estrangeiro que tem só uma semana para conhecer o lugar. Temos a opção de chegar e sair andando para encontrar os monumentos históricos ou podemos estudar o mapa local e definir as prioridades e o melhor meio de locomoção. Podemos agrupar objetivos em determinadas regiões, otimizando o tempo. Podemos também nos preparar antes, aprendendo um idioma para nos comunicar com os habitantes locais. Outra opção é chegarmos lá sem compreender o idioma, costumes e cultura local. Se simplesmente sairmos andando e pararmos em um bar, e no dia seguinte voltarmos ao mesmo local, provavelmente conheceremos pessoas, mas se nosso objetivo inicial era conhecer o máximo possível da cidade, ao retornarmos, não teremos cumprido o que determinamos.

A vida é uma viagem. Você é o turista e cabe a você se conhecer e determinar aonde quer chegar.

O tempo todo nos reinventamos

No decorrer da vida há muitos momentos de transformação, mas também idades em que o ser humano costuma fazer um balanço, pensar em seu passado e em seu futuro. Talvez os 40 ou 50 anos sejam relevantes para muitos.

O seu universo a você pertence

Para outros, essa fase de avaliação e mudança ocorre a partir dos 35 anos, quando entram em um ciclo espiritual ou, mais fortemente, a partir dos 42 anos, o ciclo cármico, por mais sete anos. Quanto antes ouvirmos o som do coração e seguirmos em direção aos sinais apontados, mais realizados seremos. Caso contrário, com aproximadamente 48 anos, todos os débitos escondidos embaixo do tapete aparecem. Surge tudo o que tentamos esconder de nós mesmos e dos outros e teremos de lidar com inúmeras pendências.

Mesmo que tenhamos de desconstruir tudo o que construímos até aquele momento, nada será perdido. Toda edificação importante se encontra armazenada em um *chip* que carregamos dentro de nós. Dessa maneira nada é perdido, somente transmutado. São fases que precisamos recriar, descartar conceitos antigos e substituí-los por novos. No entanto, muitas vezes não temos coragem de tomar essa atitude. Temos medo do novo e nos prendemos em conceitos ultrapassados. Amarramo-nos por apego e não nos libertamos.

Achamos que sucesso é fazer o que o mundo espera que façamos, mas, na realidade, é quase o oposto. Sucesso é quando encontramos nossa mais profunda realização interna e caminhamos em sua direção. É seguir a voz do coração, da intuição e dos desejos da alma. Para a escutarmos é necessário estarmos atentos, e o autoconhecimento é a chave para a realização da vida.

Como seres humanos, desde pequenos seguimos o que está na cartilha: vamos para a escola, estudamos e procuramos nos enquadrar nos padrões. Na adolescência, prematuramente, temos de escolher a profissão e a carreira que queremos seguir no decorrer da vida. Nessa idade, na maioria das vezes, nos sentimos confusos, pois não sabemos qual faculdade ou especialização escolher.

Alguns têm mais sorte e outros, menos. Alguns têm uma vocação para uma carreira desde pequeno, mas a maioria vai descobrir durante a faculdade se é realmente aquilo que querem. Alguns descobrem nos primeiros anos e acabam mudando, outros precisam estudar e trabalhar para pagar seus estudos e acabam não desistindo de sua primeira opção, mesmo que não seja o que sonhou. Enfim, entramos no mercado de trabalho, começamos a ganhar dinheiro e finalmente conquistamos nossa independência financeira. Paralelamente, nos apaixonamos e casamos.

Quando alcançamos uma determinada posição profissional e caminhos para uma das primeiras etapas de realização na carreira, vêm os filhos. Aí tudo muda na vida, pois precisamos ter mais responsabilidade, dinheiro e tempo para esses seres maravilhosos que surgiram de nossas entranhas.

A experiência é muito diferente para cada um, mas a mudança do estilo de vida é para todos. Nada será como antes. O tempo todo nos reinventamos, desconstruímos e construímos.

Momentos de travessia

A vida é movimento e constantemente estamos mudando. Querendo ou não, a vida sempre nos surpreende com algo novo externo para que possamos despertar nosso eu interno. Temos a opção de recuar, não aceitar, ou seguir adiante com determinação e força de vontade para as novas lições a serem aprendidas. Afinal, somos todos estudantes nesta grande escola da vida.

Podemos repetir o ano para assimilar matérias não compreendidas, mas, mesmo assim, um novo ano nunca será igual ao anterior. Novos amigos, diferente amadurecimento e mentalidade, talvez nem tudo será novidade, mas com certeza nada será exatamente igual ao que passou. Passado é passado e tudo o que temos é o momento presente, aqui e agora. Uma nova oportunidade para nos expressarmos e ouvirmos nosso coração, conexão imediata com nosso eu superior.

É fundamental ter coragem para caminharmos rumo ao novo. Só assim cresceremos na proporção da física quântica, ou seja, aproveitamos o impulso da mudança maior gerada por eventos externos e usamos o combustível para um crescimento exponencial interno. Para essa decisão é preciso muita coragem. É como pegar um navio na praia onde aconteceu um *tsunami* alguns dias antes. Teremos coragem de partir e enfrentar o mar, ou é melhor permanecermos na destruição do passado até nos sentirmos prontos para o próximo destino? Eu prefiro enfrentar o mar, pois a probabilidade de um novo *tsunami* na mesma praia alguns dias depois é quase zero e partir para o novo desperta um profundo e intrínseco crescimento. É saber usar o combustível da destruição para criar algo novo, transmutar, fazer a magia da transformação com grande avanço e crescimento interior.

O porto mais seguro é o conhecido

A vida material nos envolve com o desejo de possuir e, depois que a adquirimos, não queremos mais largar. Assumimos a posse e nos distanciamos do desapego. Temos medo das mudanças, do novo, do que pode ser espetacular ou terrível.

Se não tentarmos, nunca saberemos. A degustação não significa a troca de menu, ela nem sequer faz parte do cardápio. É uma *délicatesse* feita por um *chef* especial vindo de uma localidade distante, onde o preparo é único e exclusivo. Não é possível repetir da mesma maneira nunca mais. É um elixir alquímico da alma, no qual a experiência será inserida no registro mais profundo da vivência terrena do corpo.

É difícil explicar em palavras o que a alma veio para viver no corpo. É complexo resumirmos a síntese da existência.

Envolvemo-nos com muitas coisas materiais que, para a realidade do espírito, não são importantes. Só nos daremos conta desse fato com a ampliação da consciência, talvez nesta vida ou em outra. Afinal, se não conseguimos enxergar, será real? O que seria de nós sem o ar invisível que respiramos? Será que conseguimos realizar nossa missão terrena sem alimentar nosso espírito? Como seria a vida sem nós?

A humanidade entre a "tensão" e a "expectativa"

O que estamos esperando? Estamos preocupados com o quê? O que escondemos por trás de nossas máscaras usadas na sociedade? O que está além do que aparentamos? Por que temos tantos conflitos internos? Por que nos sentimos inseguros? Do que temos medo? O simples fato de sair de casa está se tornando um desafio cada vez maior devido à violência e ao trânsito? Será que estamos sendo influenciados pelo inconsciente coletivo? Por que o tempo parece passar rápido demais? Por que estamos tendo problemas com o sono? Por que o que tanto gostávamos de fazer no passado não mais nos interessa? Por que estamos buscando novas atividades profissionais? Por que as crianças estão nascendo com uma nova visão e dimensão do mundo? Será que no apogeu da tecnologia sentimos a necessidade de nos voltar mais para a natureza? Estamos nos tornando mais intuitivos?

Por que nosso conhecido mundo parece se destruir? O que está vindo de novo? O que não sabemos?

Estamos em um grande emaranhado de sentimentos, emoções, sensações e ações que não podem ser explicadas racionalmente. Alguns se sentem perdidos e sem esperança, enquanto outros lutam como náufragos no mar da existência, sem direção, sem saber para onde devem remar. Há os que passaram por duras provas e dor e se sentem vitoriosos e mais fortes para continuarem adiante e superarem novos desafios. Há ainda os que estão mais conscientes desse processo e tentam ajudar os demais, estão ocupados em oferecer e não em adquirir, em doar amor e não em receber.

Individualmente, estamos vivendo um ciclo de iniciação, uma nova estruturação interna e externa. Estamos vivendo o tempo do não tempo, a grande faxina, na qual tudo e todos os que não mais se ajustem ao nosso padrão de energia, à nossa frequência vibratória, serão arrastados de nossa vida. O velho e conhecido será destruído para dar espaço ao novo e desconhecido. Nosso progresso insano caminha para o retrocesso – estamos em um longo processo, vivemos extremos e excessos. Nada ficará intacto e o impacto será sentido em todos os sentidos.

Todo remédio é, ao mesmo tempo, um veneno: pode matar ou curar. Cabe a nós transformarmos o veneno em elixir da imortalidade. Somos capazes de mudar a nós mesmos e o mundo por meio da ampliação de nossa consciência. Somente com nossa transformação interna podemos criar e processar novos valores e significados que irão contribuir para a mudança da sociedade, gerando ações e benefícios a serem compartilhados por todos. Muitas vezes, a sombra vem para revelar a luz e nos conduzir no caminho da integridade e da unidade.

A verdade liberta

Por que não somos verdadeiros? Por que mentimos para nós mesmos? Poderia ser tão simples, mas, por tentarmos ocultar, emaranhamo-nos em um mundo ilusório onde nos perdemos de nós mesmos, distanciamo-nos de nossa essência e de nossa pura e sincera verdade. Mentimos tanto que passamos a temer a verdade pelo fato de ela desmascarar nossas amadas mentiras. No fundo, lá no fundo, sabemos que a verdade pode nos libertar de enormes monstros que criamos, mas ao mesmo tempo levará nossas queridas fantasias.

Não seria mais fácil construirmos nosso mundo baseado em verdades internas, seguindo nossos reais valores e significados, expressando quem realmente somos, sendo o que falamos, agindo como pensamos, unindo sentimento, pensamento e ação? Não construiríamos um mundo muito mais transparente e divertido? Como podemos trilhar o caminho do autoconhecimento se mentimos para nós mesmos? A vida é uma jornada para descobrirmos quem somos em nossa essência, para criarmos e expressarmos o que somos. Não é possível edificar nosso ser em uma base feita de mentiras e ilusões.

Resistência à mudança é o reflexo da incompreensão

A ignorância é a falta de se conhecer por dentro, é a ausência do autoconhecimento. É se guiar por valores externos e não internos, é se conduzir pelo ter e não pelo ser, pela aparência e não pela verdade da essência. Quanto menos nos conhecemos, menos nos compreendemos e mais resistência opomos às mudanças internas. Somente rompendo com velhos hábitos, barreiras e padrões, podemos nos construir de forma diferente e ser uma pessoa melhor.

Podemos mudar nossa vida a qualquer instante, em qualquer situação, com qualquer idade. É preciso ter consciência, força de vontade, coragem, disciplina e amor próprio. Devemos reprogramar nosso cérebro, mudar nossas atitudes, ações e reações. Temos de nos vigiar, nos observar o tempo todo para não nos ligarmos na impulsividade, no padrão automático e em conceitos antigos que já foram testados e não deram certo no passado. Temos de aprender com nossos erros e usar novas fórmulas para chegarmos a diferentes resultados.

Grandes conquistas nos aguardam, não podemos nos acomodar. Temos de criar coisas novas e fazer uso das existentes, acreditando que podemos ter tudo na vida, mas não ao mesmo tempo.

Transformando a perda em recompensa

Como podemos e devemos agir para transformar perdas em recompensas? Como podemos olhar o real mundo interno? Como podemos não nos identificar com a miragem externa? Como podemos interagir com quem amamos e deixar ao fundo o ambiente do mundo? Como mantermos ao nosso lado as pessoas que nos fazem ser o melhor de nós? Como contribuímos com uma gota de água no oceano da vida? Como inspiramos outros seres rumo ao encontro de si próprios?

Qualquer mudança interna gera grandes mudanças externas. Todas as transformações nos remetem à causa original, levam-nos ao discernimento para que possamos distinguir as coisas e ligar a sabedoria à razão. A crise ocorre quando não temos mais consciência e confiança em quem somos. Nos períodos de mudança brusca, podemos ter falta de imaginação, não conseguindo enxergar as infinitas possibilidades geradas no caos. As doenças de alma surgem para despertar a busca de Deus em nossa vida.

A vida é feita de ciclos – os anteriores se refletem nos posteriores e há uma interconexão entre uma fase e outra. Na transição, plantamos para uma nova etapa e ainda colhemos os frutos da safra anterior, outras vezes, por não termos semeado a terra, não temos o que colher e talvez ainda nos falte a experiência do que devemos plantar. É um processo de aprendizado constante.

Construir e desconstruir: reinventarmo-nos e cocriarmos

É fundamental nos recriarmos. Construímos para desconstruir o tempo todo e, desse modo, nos aproximamos da perfeição. O universo é assim e nós não somos diferentes. Somos parte do todo. O problema é que a sociedade e as leis do planeta não nos preparam para isso. Desde pequenos ouvimos de nossos pais, da escola e da sociedade que devemos estudar e sermos os melhores para termos uma vida bem-sucedida. Penso um pouco diferente: precisamos ensinar às crianças a base dos valores para que, no decorrer de suas vidas, saibam construir e desconstruir com sabedoria, pois, embora ninguém fale, é isso que fazemos em nossas vidas.

A máscara da sociedade foi criada de tal forma que só vemos o que está por fora, ou seja, o que as pessoas querem mostrar. No entanto, na maioria das vezes, o conteúdo interno se manifesta de forma muito diferente da embalagem externa. As pessoas ficam escondendo isso do mundo e delas mesmas, brincam de esconde-esconde sem perceber que se escondem delas próprias.

O seu universo a você pertence

Os seres humanos passam por fases de mudanças e transformações, mas muitos não aceitam e perdem uma vida inteira querendo que o futuro seja como o passado. Alguns perdem entes queridos e tentam ressuscitá-los de todas as maneiras em suas emoções e em suas vidas. São válidas a lembrança com carinho, a oração e o amor dedicado às suas almas, mas a vida na Terra continua para os encarnados e não para quem morreu. Assim, devemos preservar o que é bom e continuar a viver intensamente nossas vidas, pois essa alma que fez a transição ficará mais leve e desapegada dos fatores mundanos.

Capítulo 4

Valores e educação

Trate as pessoas como se elas fossem o que poderiam ser e você as ajudará a se tornarem aquilo que são capazes de ser.
Goethe

Qual é seu valor?

O que são valores? Onde os encontramos? Eles têm preço? Os valores são racionais? Como podemos entendê-los? Como os sentimos? Os valores são absolutos? São iguais para todos? São individuais ou coletivos? Estão associados à ideia do bem e do mal? Eles se enquadram em um sistema de verdades invariáveis? São regidos por uma lei universal ou terrena? São atemporais? Estão na pessoa ou no objeto? Qual é o valor de seu querer e de seus atos? Qual é o valor de sua obra e de seu exemplo? Qual é seu valor?

Os valores individuais diferem dos valores dos outros. Os pesos e as medidas são pessoais quando nos olhamos separados do todo, mas universais quando nos vemos como uma célula do universo. Eles operam em nosso íntimo e, quando descobrimos que nossa essência é a mesma do universo, encontramos o valor em sua origem.

A base do valor é o amor que rege e orienta a vida, não existe nenhuma lei acima dessa. É presença eterna, atemporal, expande-se nas ideias de todos os criadores de valores. Como disse Jesus Cristo: "Eu sou o caminho, a verdade e a vida". Isto é, a presença eterna que mais de 2 000 anos depois ainda está no coração e na mente de muitos.

O que mais pode representar a síntese do valor? Não são nossas virtudes que demonstram nosso verdadeiro valor? Não são nossas palavras e atos que exprimem nossa autenticidade? Podemos nos guiar por valores elevados representados pelos santos que deixaram registrada a verdade por meio de seus atos em um campo de ação que atinge o mundo e a esfera sobrenatural.

Nossa obra deve ser um testemunho do que somos, embasada na pureza e no belo, agindo no mundo temporal e atingindo pessoas na proporção do que podem compreender e assimilar. Os valores do sagrado, do amor, da verdade, da pureza, da beleza, da harmonia e da justiça divina devem prevalecer.

A essência individual do valor de uma pessoa está baseada no amor que se revela para si própria e para os demais. A essência do valor está na integração de seu ser. Somente através dessa essência podemos compreender e ser compreendidos, despertando a consciência de nosso mundo pessoal no microcosmo de nosso ser e nos unindo no macrocosmo de Deus, onde tudo é amor, presença, contemplação e vontade na mesma direção.

Meus valores de berço

Um dia uma criança me parou,
olhou-me nos meus olhos e a sorrir,
caneta e papel na sua mão,
tarefa escolar para cumprir
e perguntou-me no meio de um sorriso
o que é preciso para ser feliz.
AMAR *como Jesus amou,*
SONHAR *como Jesus sonhou,*
SENTIR *o que Jesus sentia,*
SORRIR *como Jesus sorria,*
e ao chegar ao fim do dia,
*eu sei que sentirias muito mais **feliz**.*

Padre Zezinho

Esse poema remete à minha infância, aos meus valores de berço. Na minha ordem de prioridades, **amar** sempre foi, é e sempre será meu primeiro valor. Guiada pelo coração e alimentada por minha alma, sempre quis **sentir** o mundo e a mim mesma, sempre quis conhecer as pessoas em suas verdades mais profundas e não nas máscaras de suas aparências. O sentir para mim é a integração dos cinco sentidos, adicionados à intuição. O **sorrir** é viver a vida alegremente, independentemente de os acontecimentos serem mais doces ou amargos. Os obstáculos existem para serem superados e não para nos paralisar. É mais fácil superar uma dificuldade sorrindo do que chorando, porque o choro pode ser um alívio, mas não é a solução. O **sonhar** é o acreditar, é a fé que me move para o futuro agindo no presente. E Jesus, meu eterno mestre e amigo, que me acompanha em todos os momentos, é meu exemplo, meu guia. Na dúvida, sempre me questiono o que ele faria se estivesse em meu lugar. Com ele converso nos sonhos, nas meditações, no carro, no trabalho, na rua, em casa, em qualquer lugar.

Qual era seu brinquedo favorito na infância?

Parei para refletir sobre este tema em um curso de seis meses dirigido a jovens empreendedores na Confederação da Indústria do Estado de São Paulo (Ciesp), um curso rico em aprendizado e observações. Pensei em meus brinquedos e me lembrei do Dorminhoco, o último presente que ganhei de meu pai antes de ele falecer. Era um cachorro de pelúcia que dizia: "Eu gosto de carinho! Me dá um abraço? Posso dormir com você? Estou tão sozinho! Meu nome é Dorminhoco...".

Também me lembrei do meu boneco Manequinho, que representava a família e o desejo de ter filhos e ser mãe. Veio ainda em minha mente o álbum que colecionei com figurinhas de países e pessoas vestidas com trajes locais. Isso despertava meu desejo de conhecer e viajar pelo mundo. Resgatei memórias e lembranças que fascinavam e preenchiam de verdade minha essência. Tornei-me adulta e tudo aquilo era exatamente o que eu buscava e desejava em minha essência. Unindo meus brinquedos prediletos, me encontrei e agradeci por não ter me desviado de minha busca mais pura, por não ter perdido a criança dentro de mim.

Incrível também foi observar o processo de meus amigos e brinquedos prediletos de empresários que compartilhavam comigo o curso e experiências. Um deles disse que seu brinquedo predileto era um autorama, porque sempre gostou de carros e competição. No mundo adulto se tornou empresário e presidente de uma fábrica com 180 funcionários.

Outro amigo contou que seu brinquedo predileto era um pneu de caminhão, pois queria ser igual aos amiguinhos da rua, todos mais pobres do que ele. Ele tinha alguns brinquedos a mais do que a maioria, mas fazia questão de brincar no mesmo nível dos amigos. Na vida adulta, tornou-se um empresário humanitário e construiu sua fábrica em uma região pobre para dar emprego aos menos favorecidos.

O grande aprendizado que ficou: com os brinquedos da infância, podemos resgatar nossos valores. Na vida adulta, procuramos repetir o padrão do nosso brinquedo favorito.

Qual era seu brinquedo predileto na infância? Por quê? Qual é a analogia com o momento atual e com sua vida?

Educação para um novo tempo

A educação deve ter como alicerce valores baseados no amor da família, dos amigos, da comunidade mundial e do universo. Deve se fundamentar em nossas semelhanças como seres humanos de uma aldeia global, e não na competição separatista e nacionalista. As grandes obras de arte e as descobertas da ciência pertencem ao mundo e não às nações. Devemos focar em nossas conquistas criativas, no valor individual, na humanidade, fundindo nossa consciência no mundo dos valores e significados, conectando o mundo exterior ao interior.

Precisamos urgentemente de uma educação integradora, conectando-nos em um relacionamento mundial independentemente de credos, nacionalidade, cor de pele, religião, dinheiro, interesses políticos ou econômicos, sem orgulho ou ilusão de superioridade em relação às outras raças.

Devemos educar as crianças de modo a estimular sua capacidade de analisar problemas e chegar às suas próprias conclusões e soluções. Educá-las para que possam expressar suas verdades internas, trilhar o caminho do autoconhecimento, não perdendo a conexão interna e natural de seu nascimento, fazendo que sua vida subjetiva interior desperte a intuição na direção que domina sua vida física. Também não desconectando da essência divina, alinhando coração e mente em pensamentos, palavras e ações.

Temos de estimulá-las a serem buscadoras da síntese, integrando em si o físico, o emocional e o mental, a razão e a intuição, a formulação de suas próprias respostas, a responsabilidade pela cocriação de suas vidas, de suas ideias, percepções, visão e compreensão de si próprias, do mundo e do universo.

Neste momento da humanidade, estamos recebendo crianças que encarnam com a consciência próxima da alma, seres que enxergam a verdade além das aparências, que assumem a responsabilidade na cocriação, que penetram o mundo das ideias e do abstrato e que parecem ler nossos pensamentos e intuir nossas emoções. É fundamental que pais e instituições de ensino estejam atentos para novos modelos de educação, pois essas crianças não se adaptam ao sistema antigo e tradicional. Elas vieram para construir o novo e estão com toda força e certeza para desafiar um sistema ultrapassado e separatista. Precisamos ter muito amor, paciência e compreensão para não sermos vítimas do egoísmo, da ignorância e da falta de interesse por esses seres tão especiais.

Educar é dar ferramentas para a evolução

Goethe diz que tudo o que podemos dar aos nossos filhos são raízes e asas. Aquelas prendem, enquanto estas as permitem voar. Não são ideias opostas, mas complementares. É a possibilidade de viver intensamente o presente sem desconsiderar a responsabilidade pelo futuro.

Segundo Sócrates, "educar é ensinar a pensar, pensar na vida e nos motivos para viver". Platão dizia que educar é ensinar o indivíduo a querer fazer o que ele deve fazer. Com disciplina e perseverança, concretizamos nossa vontade. A frase de Platão se refere a conhecer o indivíduo, para que, ao lhe ensinarmos, possamos despertar seus dons e potencial com as ferramentas apropriadas.

O verdadeiro mestre conhece seu aprendiz, tem uma visão holística muito mais profunda do que o aprendiz tem de si próprio. Como exemplo, podemos citar a mitologia do rei Arthur e do mago Merlin. Sem o apoio de Merlin, Arthur não teria conseguido atingir seus objetivos. Sem as ferramentas de autoconhecimento proporcionadas pelo mestre, ele não teria enxergado que seus limites estavam muito além do que ele pensava. Seus dons para superar obstáculos eram muito mais poderosos do que inicialmente ele acreditava. Somente através do autoconhecimento ele pôde conhecer a si próprio e confiar em seu potencial para realizar seus grandes objetivos.

Educar é oferecer as ferramentas para a evolução do indivíduo, é detectar o potencial de uma pessoa e proporcionar os instrumentos para que ela própria construa seu caminho.

Qual é a maneira correta de educar e criar um filho?

Será que aprendemos isso na escola ou na vida? Existem faculdades que nos preparam para as mais diversas especializações e profissões, mas não para sermos mães ou pais. Normalmente a mãe se faz mais presente na educação dos filhos, enquanto o pai se preocupa mais em prover financeiramente a família. Isso tem mudado muito nos dias atuais e é comum encontrar mães e pais que trabalham o dia todo e deixam seus filhos com babás, avós, creches ou escolas.

Não há um método único de educar os filhos. O que existe é aquele que mais se ajusta à nossa realidade, aos nossos pensamentos, emoções e atitudes. Alguns pais estão o tempo todo ao lado de seus filhos, mas não estão presentes de verdade. Outros podem dedicar apenas alguns momentos por dia, mas estão inteiros para compartilhar instantes com eles.

Há também crianças diferentes que nos solicitam de maneira distinta. Antes de termos pelo menos dois filhos, é difícil compreender essa teoria, pois imaginamos uma fórmula e acreditamos que poderemos empregá-la de maneira igual com todas as crianças – o que não é verdade.

Na função de mãe ou de pai descobrimos que podemos ajudar na lapidação do diamante que recebemos, mas não podemos mudar o grau de sua pureza e essência.

Hoje entendo melhor quando um sábio professor de numerologia me disse que cada vez mais ele acreditava que as crianças vinham prontas e que muitas vezes os pais se preocupam demasiadamente com a escolha da melhor escola e educação. Na realidade, tudo isso é um pequeno fator – o que realmente conta é o amor que cada um pode doar a seus filhos. Em um ambiente de amor, tudo floresce – alguns mais do que outros, pois a natureza é assim.

Em suma: qual é a maneira correta de educar e criar um filho? É a guiada pelo amor.

Pais como orientadores conscientes: qual é o verdadeiro significado da educação?

Qual é nossa missão no processo de educar? Como agimos e servimos de exemplo para as crianças que nos foram confiadas pelo plano

O seu universo a você pertence

superior? De que maneira cuidamos desses pequenos grandes seres? Estamos presentes de maneira participativa na vida de nossos filhos ou somente nos comunicamos em monossílabos? Envolvemo-nos nas descobertas de nossos filhos? Como usamos o tempo curto ou extenso que temos ao lado deles?

Em minhas observações, descobri pais presentes fisicamente, mas ausentes emocionalmente, pais distantes fisicamente, mas presentes e inteiros com seus filhos, há também os ausentes e distantes em todos os sentidos e os presentes. Enfim, todos os estilos são encontrados, mas o mais importante é com qual deles nos identificamos na análise crítica e sem culpa em busca de um aperfeiçoamento. Será que conseguimos curtir todos os momentos que passamos juntos ou nossos pensamentos estão distantes da criança ou do adolescente que se encontra ao nosso lado? Conhecemos seus gostos musicais, estilo de ser, preferências e comportamentos? O que eles querem nos dizer por trás de suas atitudes? O que sonham ser? O que são? Como são na essência? Como lidam com seus sentimentos, razão e intuição? Vivem no mundo virtual a maior parte do tempo?

Será que conseguimos criar para soltar ou queremos prendê-los? Como está a autoestima de nossos filhos? Eles se amam? Estão aprendendo a servir a humanidade? Como lidam com as diferenças sociais? Escolhem seus amigos pela cor, raça, religião, dinheiro ou valores? Como superam seus problemas? Como lidam com a independência, os medos e as frustrações? Qual é a marca que almejam deixar em suas vidas?

Conseguimos realmente doar amor e carinho? Conseguimos beijá-los e abraçá-los dizendo o quanto os amamos? Conseguimos elogiar nossos filhos ou nos sentimos receosos desse ato de glória? Criticamos muito os nossos filhos corrigindo erros e fracassos, esquecendo-nos das vitórias? Precisamos elogiar, reconhecer, estimular, destacar o que está correto e apoiá-los para que acreditem em si próprios. O elogio é muito mais pedagógico do que a punição. Se a criança vive sob crítica, ela aprende a condenar; se vive sob hostilidade, aprende a brigar; se vive ridicularizada, aprende a ser tímida; se vive sob humilhação, aprende a sentir-se culpada.

Vamos valorizar as qualidades de nossas crianças, ensinando que os relacionamentos podem ser duradouros, que nem tudo é descartável e que não existem somente pessoas intolerantes que se desgastam valorizando os defeitos dos outros. Vamos reconhecer seus talentos para que no futuro elas possam multiplicar esse aprendizado em seus lares, em suas vidas e com seus semelhantes. Vamos praticar o elogio, palavra quase extinta no vocabulário dos adultos, elogiando o maior número possível de pessoas. Vamos ressaltar seus potenciais, alimentar-nos de sorrisos e satisfação pelo bem que podemos proporcionar e irradiar para o outro. O verdadeiro mestre é aquele que exalta o discípulo, e não aquele que reprime. Vamos ajudar nossos filhos a expressarem seus dons e a desenvolverem seus talentos.

São muitas as perguntas e poucas as respostas, muitas incertezas e reflexões, mas de tudo fica o aprendizado para trabalharmos e sermos melhores do que fomos ontem, exemplo do amor em nós mesmos.

Contravalores

Contravalores são o que não é verdadeiro, o que não expressa a essência e representa enganação e falsidade imposta por um sistema que quer nos fazer acreditar que existe uma única realidade. Os que não compactuam são os raros seres equilibrados vistos como "anormais", que andam na direção oposta da multidão, procuram o silêncio e fogem de padrões impostos pela mídia.

Os contravalores se instalam em um estilo de vida uniformizado, no qual adultos não cuidam das crianças e, consequentemente, elas não os respeitam, os desafiam. Idosos são abandonados, casais não se unem no rito sagrado do amor, pessoas buscam poder a todo custo e o dinheiro impera.

Os contravalores vêm de fora, enquanto o espírito da verdade está dentro de nós e se reflete na natureza. Eles são dominados pela ignorância e pela escuridão e iludem os seres que aí penetram e se perdem em experiências pessoais antes de encontrar a luz interior.

Se pudéssemos voltar ao início de nossa vida, o que faríamos diferente? Como escrevemos nossa vida de trás para frente? O que estamos fazendo para realizar nossos sonhos? Estamos no fluxo dos valores ou dos contravalores?

Se tivéssemos um controle remoto para administrar nossa vida, o que faríamos? Quais as nossas prioridades? É a família ou o trabalho? Quem são as pessoas importantes de nossa vida? O que fazemos com nosso tempo? A tecnologia ajuda ou atrapalha? Adquirimos bens por status, prazer ou amor? Como fazemos nossas escolhas na vida?

Somente quando somos capazes de focar nosso interior, nossos reais valores e verdades, é que podemos compreender quem somos na essência e desviar dos contravalores que não colaboram positivamente em nossa transformação e elevação vibracional. Nossa verdade liberta, e o caminho se torna mais amplo, unindo-se a uma verdade plena de significados mais profundos.

Uma nova geração de crianças

Crianças aprendem explorando, refletindo e criando. Elas sempre perguntam o porquê de tudo. Buscam, questionam e algumas parecem terem nascido adultas e maduras. Costumo brincar que esta nova geração tem um novo *chip*, porque possui uma percepção mais ampla de tudo e pode fazer várias atividades simultaneamente. Parece que os cinco sentidos (tato, olfato, audição, paladar e visão) são mais desenvolvidos.

Como interagimos com essa nova geração? Como ensinamos tecnologia se intuitivamente eles já sabem o que fazer? Como educamos emocionalmente e espiritualmente esses adiantados seres se ainda somos analfabetos nessas matérias? Como escolhemos a escola que receberá essas crianças? Como os professores são treinados para educá-las?

Acima de tudo, temos de amá-las e fomentar sua autoestima e seu amor próprio, em vez de anulá-las e tentar enquadrá-las em conceitos ultrapassados. Precisamos escolher a escola adequada para ajudar a desenvolver seus talentos e não para impor regras para obedecerem, se comportarem e futuramente ganharem dinheiro. Temos de ensinar-lhes a assumirem responsabilidade por suas escolhas e não se enquadrarem desde cedo num sistema que as faz acreditar que nasceram do pecado e são culpadas, quando na realidade são puras, belas e inocentes. Temos a missão de ajudar essas crianças, almas puras que acabaram de chegar do mundo espiritual, temos que auxiliá-las no processo de viverem o sutil e a leveza incorpórea na matéria e não as deixar absorverem todo o peso da matéria em seus leves espíritos.

Carta ao meu filho: o dia do seu aniversário chegou

Faz mais de dois meses que você me pergunta quantos dias faltam para seu aniversário. Diz também que já queria fazer 7 anos, e não 6. E eu digo: "Não tenha pressa de crescer. Tudo tem seu tempo, não queira pular nenhum ano, nenhum dia de sua maravilhosa vida".

Aprenda a viver o momento presente, pois este é o grande presente de Deus. Seu futuro e seu passado sempre serão maravilhosos quando você viver intensamente seu presente. Mantenha o interesse em aprender e coloque em prática os ensinamentos adquiridos. Assimile com sabedoria todo o conhecimento que está ao seu redor. Canalize para o lado do bem e da espiritualidade, saiba escolher bem seus amigos, não desafie a velocidade e use toda sua maravilhosa energia e tempo para situações e pessoas positivas.

Aprenda a descartar com facilidade tudo o que não lhe faça bem. Deixe para trás todo o negativo que tentar se aproximar e misture bem os ingredientes de sua vida. Se em determinado momento tiver limão, faça uma limonada; se tiver muito doce, misture com morango para equilibrar o sabor. Este é o segredo da vida: saber desfrutar o que temos no momento. Podemos ter tudo na vida, porém não ao mesmo tempo.

Muitas vezes temos dinheiro, mas não temos tempo para aproveitar tudo o que ele pode proporcionar. Outras vezes temos tempo, mas nos falta dinheiro para fazer tudo o que gostaríamos. É bom aprender cedo a equilibrar tempo e dinheiro, o importante não é ter tudo o que amamos, e sim amarmos tudo o que temos.

É fundamental estudar e trabalhar para ganhar dinheiro porque, sem ele, não podemos ter o conforto e a satisfação de nossas necessidades. Para vivermos neste mundo material precisamos do dinheiro, mas é preciso equilibrar com a espiritualidade, sem a qual não atingimos a realização. Ter sucesso é bom, mas ele vem de fora para dentro, ter realização é muito melhor, pois vem de dentro para fora e é aí que se encontram a felicidade e a serenidade.

Use todos os seus dons com maestria. Acredito que Deus seja exatamente assim: sempre busca a perfeição de si próprio, mas tem uma infinita compaixão para ajudar todos os que ainda estão distantes de atingir a perfeição.

Nunca se esqueça de quem você é em essência. Não importam os valores externos. Siga os valores de Deus e, sempre que tiver dúvida, pergunte a si mesmo o que Jesus faria se estivesse em seu lugar e terá a resposta para todas as suas indagações. Viva a sua vida aos olhos de Deus e não aos olhos dos homens. As leis da Terra são falhas, mas as leis do Céu são perfeitas.

Observe a natureza, nunca esqueça os valores de sua alma refletidos na pureza de sua infância. Essa é sua verdade, mesmo que no decorrer da vida muitos tentem mostrar o contrário. Seja feliz, cresça em graça e sabedoria, que tudo o mais lhe será acrescentado.

Não importa quantos dias faltam para o seu aniversário ou quantos dias tem de vida. O que importa é quão intensamente e plenamente você vive e contribui para um mundo melhor, para um ser melhor e mais perfeito de si mesmo. Sua própria obra-prima!

Carta à minha filha

Todos os dias, vislumbro seu despertar, seu crescimento e seu amadurecimento. Confesso que às vezes sinto vontade de congelá-la, para que seja sempre pequena e esteja sempre por perto, mas ao mesmo tempo sei que o processo da vida é o crescimento, e esse é o seu caminho.

Quero conseguir prepará-la para o mundo, onde nem tudo são flores. Quero conseguir ensinar-lhe a lidar com as energias positivas e negativas, a se proteger e fazer o bem, não importando a quem. Tudo o que fazemos de positivo nos retorna em uma proporção muito maior e, normalmente, vem através de outros eventos ou pessoas que não esperamos. Devemos ser como a flor de lótus, que se desenvolve na água e na lama e floresce iluminando tudo e todos.

Estamos nesta vida para aprender e ensinar, mesmo quando crescemos, porque o aprendizado se faz presente no dia a dia com todas as pessoas e situações.

O melhor caminho é o que nos leva à realização e não ao sucesso efêmero. Siga o caminho onde está sua satisfação do coração, aquela que vem de dentro para fora.

No seu caminho, você encontrará algumas pessoas que têm por objetivo e satisfação levá-la para baixo. Não permita. Diga a você mesma que sua energia positiva é superior e nenhuma energia inferior tem o poder de desequilibrá-la.

Não deseje nada de mal para essas pessoas. Não existe nada de errado com o fruto verde, ele apenas não está maduro. Tudo na vida tem seu próprio caminho de desenvolvimento e despertar.

Jogue as sementes de sua flor pelos caminhos da vida e, quando olhar para trás, verá que muitas delas estarão se transformando em lindas flores, e outras não irão germinar. Mas sempre olhe para as flores, foque no que floresceu e continue semeando sempre.

A verdadeira realização

A diferença entre sucesso e realização está em conseguirmos discernir o que é essencial ou acidental, permanente ou transitório. Podemos atingir o topo da pirâmide organizacional ou social, mas não nos sentirmos realizados, porque deixamos para trás nosso verdadeiro motivo. Algumas pessoas bem-sucedidas acham que se sentirão realizadas com a compra do próximo barco, avião ou casa, mas ao realizarem seus desejos sentem-se vazias novamente e com necessidade de criar novas conquistas externas. O que lhes falta, na verdade, é a realização interna, exercer a arte da vida, saciar a vontade do espírito e não da carne.

O que buscamos é o sucesso para nós e para os outros ou a realização de cumprir nossa missão? Precisamos ser os roteiristas das nossas vidas, escrevendo um papel para o ator que somos nós mesmos. Não podemos permitir que outras pessoas escrevam o papel que desempenhamos em nossa trajetória.

É importante lembrar que todo processo de escolha significa renúncia e conquista. Quando escolhemos um caminho, a renúncia de outros é uma consequência, mas o objetivo é conquistar alguma coisa. Assim, quando realmente queremos algo, é fundamental o caminho que percorremos e não o que deixamos de lado.

Viver é optar, é escolher. É necessário ter motivos próprios para não viver pelo motivo do outro. Para que possamos ter motivos próprios, é fundamental o autoconhecimento – se não nos conhecermos, não conseguiremos encontrar a origem, os motivos que nos levam à realização pessoal e, em um nível mais elevado, a realização humanitária ou coletiva, a realização que nos faz ser agentes, atores e autores do contínuo processo de transformação da humanidade.

Motivação, vontade e disciplina

Em um curso que fiz com o antropólogo e consultor Luiz Marins, ele me disse: "Adriana, sua visão da vida e do papel do ser humano na sociedade são encantadores. É nisso tudo que também acredito. Essa missão de fazer as pessoas buscarem a paz por elas mesmas e por seus motivos é que você deve continuar, sem cessar, a ter como contribuição à humanidade".

Marins me disse essas palavras alguns meses antes de eu deixar meu último emprego, no Sheraton Hotel. Meu coração não estava mais no meu trabalho e resolvi pedir demissão. Segui o conselho de Marins e aqui está meu livro. Tornei-me mais feliz, menos preocupada com as atividades externas ao meu redor e mais interessada em meus pensamentos e sentimentos em relação a Deus.

Desde há muito sou fascinada pelo estudo do ser humano e de seus motivos pessoais envolvidos na ação e na realização de sua missão. Gosto muito da visão holística que coloca o ser humano no centro de estudos, independentemente do cenário estar na vida pessoal ou profissional. Gosto também de uma célebre frase de Jesus Cristo: "Ganharás o pão com o suor do teu rosto". A pessoa precisa conhecer seus motivos, ter um sentimento de missão. Esse sentimento que propicia a motivação pessoal só ocorre quando ela tem valores elevados agregados a seu objetivo.

Quando o ser humano evolui espiritualmente, tem uma consciência maior de que as decisões e a forma de viver não envolvem apenas o indivíduo, mas também a sociedade. O equilíbrio entre nosso desejo pessoal e a imagem que os outros terão de nós deve ser uma consequência – o equilíbrio interno reflete no externo.

Devemos viver em plenitude e em verdade com nossa essência. O que fazemos e construímos deve ser a manifestação do que somos. A influência que exercemos sobre os outros também deve ser em relação ao nosso exemplo de vida. De nada adianta educar de uma maneira e agir de outra. É preciso agir para que o exemplo fale mais do que mil palavras.

Para a realização de nossos sonhos, é fundamental ter vontade, disciplina e objetivos claros. Não basta ter grande talento sem disciplina. Muitas pessoas não sabem o que querem e, por isso, não conseguem se motivar de verdade para fazer o que devem. O autoconhecimento é primordial para descobrirmos o que queremos ser e fazer na vida e é a chave para nossa realização. Precisamos conhecer nossos valores, potencialidades e fraquezas, nossos pontos fortes e fracos, para que possamos nos lapidar e contribuir para um eu melhor e, consequentemente, para um mundo melhor.

O empreendedor de si mesmo

Acredito que não haverá espaço no mundo atual para os que não forem empreendedores, para aqueles que não conseguirem transformar suas ideias em ações e estas em resultados. Foi o que decidi fazer – tornar-me empreendedora de mim mesma. Acredito também que não haverá espaço para os que não quiserem dividir conhecimentos com suas equipes no dia a dia, seja no trabalho, seja em casa. A verdade é que ninguém consegue fazer tudo sozinho, e a parceria é fundamental.

Todos deveriam ser empreendedores de suas capacidades, pois todos ganhariam com essa atitude. Em primeiro lugar, a própria pessoa; depois, todos os que convivem com ela.

Muitos empreendedores são apressados e não conseguem distinguir a diferença entre ser rápido, veloz e ágil. O *timing* é primordial, mas às vezes a falta de foco atrapalha o empreendedor, a equipe e a empresa.

A administração do tempo para se dedicar às atividades de real valor é também uma característica ausente em grande parte dos empreendedores. É incrível saber que somente 10% deles estão na categoria ideal, com foco bem definido e energia elevada. Muitos dirigentes esquecem que devem ter tempo para questionar, pensar, planejar, inovar, liderar e motivar seus subordinados à ação eficaz que leve a empresa ao sucesso. Os melhores líderes devem sempre ter em seu time pessoas melhores do que ele próprio. Cada vez mais, o dirigente precisa ser ágil, pensar depressa e agir rapidamente, dividir ideias com a equipe para que todos participem do processo de decisão, planejamento e execução de forma positiva e proativa.

O seu universo a você pertence

Um líder é aquele capaz de fazer que as pessoas produzam o que mais desejam. Para descobrir a vontade do outro, é preciso conhecê-lo bem, saber quais são seus pontos fortes e fracos, e usar aqueles para despertar nele a vontade de agir. Ser líder, em outras palavras, é inspirar pessoas pelo exemplo.

Capítulo 5

Criando seu universo

Mapear o universo pessoal é estabelecer o conjunto de valores e princípios, ter o autoconhecimento de nossos dons, potencialidades e fraquezas, encontrando o sentido da missão que nos move e nos faz criar através da vontade, do amor e da sabedoria.
Adriana Barbarini

Um universo de possibilidades

Imagino a vida como um universo de possibilidades em que sou cocriadora com o criador maior, que contempla a unidade no todo, o infinito e finito em si mesmo. Sou um fragmento de minha própria unidade e, nesta terceira dimensão, sou limitada à visão desta partícula. Não consigo entender racionalmente o todo, mas posso sentir e intuir com meu coração e com o lado abstrato de minha mente superior.

Antes de nascer, tracei meu próprio mapa seguindo os objetivos de meu espírito, compreendi as lições que precisaria aprender e o que deveria aplicar na jornada. Tive ajuda de seres superiores para poder ter uma visão mais ampla de minha missão. Tracei um mapa potencial, ou seja, um universo de possibilidades que eu poderia ou não vivenciar. Afinal, quando estamos passando pela experiência na matéria, não temos noção de todo esse acordo elaborado por nosso eu superior. Somos fragmentados e temos de fazer constantes escolhas quando estamos na Terra. E cada escolha implica uma renúncia, um caminho diferente.

Vejo a vida como uma matriz na qual podemos caminhar em qualquer direção, mas não podemos sair dela. Temos muitas possibilidades e escolhas dentro desse universo que determinamos para a vida e traçamos nosso próprio mapa conforme caminhamos. É como andar em uma praia deserta: não vemos pegadas à nossa frente, mas, ao olharmos para trás, enxergamos nossos próprios passos. Na praia podemos seguir em qualquer direção, entrar no mar, relacionarmo-nos com outras pessoas que passem por lá ou ficar sentados na areia por um longo tempo. Somos nós que decidimos.

No entanto, a vida e as pessoas responderão de acordo com nossas decisões, de modo que cada escolha traz uma consequência diferente.

E como fazer as escolhas corretas? O melhor caminho é buscar o autoconhecimento – quanto mais nos conhecemos, mais escolhas guiadas pela alma faremos. Se o objetivo é cumprir nossa missão, o caminho da alma nos levará a ele. Por mais difícil que pareça, podemos alcançar aquilo a que nos propusemos.

No mar de possibilidades e escolhas, mapeamos nosso universo e construímos constelações. Precisamos assumir essa responsabilidade e não acreditar que nosssa vida é assim porque Deus quis desse jeito. Ele quer sempre o melhor para nós. Deus é luz e sabe que também o somos, porém, muitas vezes, não temos consciência disso e nos perdemos na escuridão dos pensamentos, atitudes e ações. Esquecemo-nos de nosso grande potencial e nos iludimos com o que a vida material nos apresenta. Deixamo-nos enganar e retardamos nossa evolução.

Seguir o caminho reto implica nos conhecermos, pois somos nós que iremos traçá-lo. O caminho não é externo – nós somos o caminho. Somos os arquitetos e construtores de nós mesmos, pois podemos fazer pontes, casas, cidades ou qualquer monumento. A escolha é nossa.

Todo ser cria a sua própria realidade

Somos hoje mais de sete bilhões de pessoas na Terra. São mais de sete bilhões de almas habitando o mesmo planeta, compartilhando o mesmo espaço físico, porém diferentes espaços psicológicos, mentais e espirituais. Cada ser vive em um mundo interno diferente, cria sua própria realidade, sonha seu próprio sonho, identifica-se com pensamentos e ações diferentes. É como uma grande mandala na qual cada ser vive em seu próprio espaço. Não há duas pessoas que utilizem os cinco ou seis sentidos de maneira igual. Cada um tem seu próprio tato, paladar, audição, visão, olfato, intuição e sentir. Cada um compõe sua matriz e, juntos, compartilhamos uma realidade externa, porém interpretada e vivida de múltiplas maneiras. São dimensões diferentes, compostas de dentro para fora, o que se torna ainda mais complexo. Não podemos decifrar tudo o que está dentro do outro, pois, na maioria das vezes, não conseguimos decifrar nem mesmo o que está dentro de nós.

O seu universo a você pertence

Nosso universo pessoal é complexo e se confunde na imagem reversa do espelho que o mundo nos apresenta. Precisamos ter sabedoria para discernir nosso universo pessoal e interno. Precisamos trabalhar no processo do autoconhecimento de maneira íntegra para não nos enganarmos. Precisamos fazer uma longa viagem para nosso universo interno, resgatando nossos valores e buscando descobrir nossa missão, o porquê de estarmos aqui e agora.

Precisamos nos livrar de conceitos preestabelecidos como se fossem a mais pura verdade. Será que esse conceito criado pelo homem faz sentido? Gostamos de determinada coisa só porque a maioria gosta? Julgamos com o olhar criado pelo homem, e não com o olhar de nossos corações? O que é correto? O que faz sentido para mim? Qual é minha verdade? O que está dentro de mim? Por que sonho o que sonho? Por que desejo determinadas coisas? E se eu mudar meu desejo? E se eu colocar mais amor no coração? E se eu mudar meu sonho? Irei mudar?

Caminhamos em busca do sonho que criamos, mas será que criamos o sonho em busca de nossa libertação ou de nosso aprisionamento? Sonhamos ter mais dinheiro ou ser pessoas melhores? Sonhamos escalar a pirâmide organizacional para ter mais poder dos homens ou sonhamos escalar nosso ser interior em busca de mais poder de luz e amor? Não existe o certo e errado. Podemos escalar as pirâmides organizacionais e alcançar o poder dos homens e, ao mesmo tempo, o poder interno. Tudo depende do trajeto que queremos seguir, do que queremos sonhar, do que nos traz alegria na alma.

Muitas pessoas escolhem o caminho da simplicidade e são mais felizes do que as que têm fortunas. Outras pessoas estão no caminho da simplicidade, mas ambicionam a riqueza. Algumas escolhem dedicar mais tempo aos filhos e trabalhar menos, enquanto outras preferem ficar distantes de seus filhos e acumular mais dinheiro. E você, o que o torna feliz? Qual é seu sonho? O que sua alma quer? Não é o que seus pais ou a sociedade querem, e sim o que *você* realmente quer. Para encontrar essa resposta é necessário percorrer o longo caminho do autoconhecimento. O verdadeiro sonho só se tornará realidade com alegria no coração e motivação em cada pensamento, palavra ou ação.

Não será o momento de mudar seu sonho? O trem da sua vida está indo em direção à estação que você quer chegar? Como você está mapeando seu universo pessoal?

Somos responsáveis pela criação de nosso universo pessoal

É preciso coragem para assumir a responsabilidade por nossos atos. Precisamos nos guiar pelo coração, pelo eu superior. Precisamos desenvolver a consciência e a flexibilidade para mudar. Não há problema em errar, pois aprendemos com os erros, mas devemos mudar internamente para não cometer os mesmos erros. Vamos aprender com os erros e os acertos, olhar a situação com olhos de águia e não com olhos de uma cobra que rasteja.

Imprevistos e situações ruins acontecem, mas são nossas atitudes diante deles que nos levarão adiante. Afinal, ninguém tem culpa pelos erros de minha vida. As coisas simplesmente acontecem. Podemos perder uma pessoa querida e nos lamentar por toda a vida e procurar desculpas para justificar nossos atos. Posso dizer: "Sou assim porque meu pai morreu repentinamente e não tive condições de estudar" ou: "Perdi meu pai e tive de batalhar muito para conseguir completar meus estudos".

Posso me reconstruir todos os dias e momentos, criar um novo universo com pequenas mudanças internas. A chave para isso é o autoconhecimento e a mudança interna, não são os outros. Como posso mudar o comportamento de outra pessoa se já é tão complicado mudar a mim mesmo? Se cada um der o melhor de si na construção de relacionamentos mais harmoniosos, ajudaremos a tornar o mundo melhor. Nem todas as pessoas querem dar o melhor de si, mas querem receber. Isso não é possível, pois precisamos plantar para colher. Se plantarmos amor, colheremos amor, se plantarmos ódio e raiva, colheremos ódio e raiva. Temos a opção de plantar o que quisermos, mas só iremos colher o que plantarmos.

Quando estamos infelizes, nada parece fazer sentido. Dizemos que não existe justiça, que nada muda. Às vezes construímos monstros enormes sem nos darmos conta de que eles começaram bem pequeninos e cresceram porque os alimentamos. Precisamos resolver os problemas enquanto eles ainda estão pequenos. Somos nós que criamos o universo que nos envolve.

Se você não está feliz com seu universo pessoal, então mude, transforme-se, aplique novas técnicas e crie o novo cenário em que deseja viver. A transição nem sempre é fácil. Muitas vezes, é preciso primeiro dar um passo (ou mais) para trás para poder caminhar dois para frente.

A vontade de criar

A criação e a cocriação só são possíveis com força de vontade. A ideia surge e temos de dar forma a ela para que possa acontecer, refletindo no mundo o que somos internamente. O potencial está imanifesto e latente em nós. Em busca do autoconhecimento, descobrimos a centelha divina que nos habita e temos de dar-lhe vida, assumindo a responsabilidade na construção de nossas experiências, de nosso universo individual que se reflete no coletivo.

A todo o momento podemos criar o que não existe e também destruir o que não mais queremos. O ciclo de criação e destruição é um processo contínuo. Bastam a consciência e a força de vontade para mudarmos e criarmos o novo. Temos o poder e o comando de nossa vida, o controle interno de nossa felicidade. Só depende de nós. Quando as coisas não estão bem, temos o direito e a obrigação de mudar, pois não podemos ser vítimas do destino. Quando criamos algo no passado que não mais se ajusta ao presente, precisamos ter vontade e coragem para transformar e criar uma nova realidade.

Deus e a criação

Onde está o início da criação? Como surgiu o universo? Não conseguimos encontrar respostas, mas podemos imaginar um ponto de referência num contínuo de luz interminável. Uma fonte de luz infinita, sem princípio ou fim, a origem de tudo, Deus, o grande criador, imanifesto, a essência do infinito e finito, a totalidade das formas, a soma de todos os estados de consciência, onipresente, onipotente e onisciente, que preenche tudo e está em tudo. Ele está em cada átomo, célula, molécula e em todas as suas criaturas. Ele sempre foi, é e será do macrocosmo ao microcosmo por toda a eternidade.

A vontade de Deus criar não segue nossa lógica linear, não pode ser explicada ou compreendida pela razão, pois transcende nossa consciência. Deus cria para se expressar e se revelar na perfeição original de cada criatura, no código sagrado anterior à forma.

Somos cocriadores, temos o livre-arbítrio e, quanto mais conscientes nos tornamos, mais nos conectamos com a essência de nossa vontade, que é a mesma de Deus. Quanto mais atingimos o autoconhecimento, autodomínio e integração com nós mesmos, mais nos aproximamos de Deus. Temos de expressar o divino em nós, reconhecer nosso potencial, manifestar a inspiração criativa e traçar o caminho pioneiro ao nosso encontro, no caminho da bem-aventurança e da realização.

A grande mandala

Nossa vida espiritual é uma teia de aranha em que tecemos os fios, um caleidoscópio com muitos fragmentos coloridos onde cada movimento gera uma figura totalmente diferente da outra, uma mandala que construímos com areia colorida no chão e, ao sopro de cada vento, construímos um novo símbolo.

Entramos em determinados locais e conhecemos as pessoas para vivermos novas experiências. Elas são instrumentos de nosso aprendizado. Cada passagem é uma parte do quebra-cabeça completo. Somos o todo e não o fragmento de nossas experiências individuais em cada ambiente. Ao mesmo tempo, cada pedaço é fundamental para a construção do todo. Quando as peças são colocadas uma ao lado da outra, tudo se encaixa e faz sentido. Algumas almas dividem muito mais cenários e locais conosco do que outras, algumas nos acompanham em mais jornadas.

Às vezes percebemos algo errado no mundo, mas, imediatamente, ele tenta nos persuadir dizendo que o errado somos nós, que a massa está correta, que a mídia afirma os padrões, que existe um fluxo que todos devem seguir e que temos de nos enquadrar no sistema. Na racionalidade de nossa mente muitas vezes nos tornamos escravos e prisioneiros de regras que não contestamos. Somente quando transcendemos a racionalidade, encontramos a verdadeira realidade. Somente quando libertamos nossa mente, voamos para além dela.

Criando seu universo

Precisamos nos guiar pela natureza, acreditar e entender intuitivamente que criamos nosso presente e nosso futuro. Somos responsáveis pelas coisas boas e ruins que acontecem conosco. Devemos assumir o controle de nosso destino, traçar nosso próprio rumo, transformar, transmutar na direção da mesma luz de onde nos originamos. Nas ilusões dos caminhos, perdemo-nos, deixamo-nos ser iludidos por valores que não são nossos, que não pertencem a nossa essência. Precisamos apenas nos conscientizar de nossa verdadeira luz e nos guiarmos pelo amor de nossa alma.

Devemos viver de acordo com nossa verdade interior. Dessa maneira, nossa vida será um reflexo da luz que somos e, com muitas luzes despertas, podemos gerar a mudança que queremos ver no mundo. Não podemos ser escravos de tudo que existe ao nosso redor. Somos responsáveis pela nossa realidade. Fazemos parte de um sistema maior e temos de aprender a enxergar o cenário de um nível mais alto porque fazemos parte do todo da criação, somos cocriadores.

Quando participamos conscientemente do processo de criação, atraímos a sincronicidade e, com isso, participamos de um universo maior, em que todos criam com a participação de todos e para todos.

Não devemos nos preocupar com o que os outros acham de nós, devemos seguir nosso caminho na luz e no amor de nossa alma. É preciso expressar nossa verdade interior, sem nos calar ou nos esconder. Todos nós viemos para criar o melhor de nós, em nós, para nós, transformando-nos e transformando o que está ao nosso redor.

Temos de buscar a luz de nossa percepção e intuição, e não a falsa luminosidade de nossas fantasias e desejos pessoais. Vamos criar um novo mapa em nosso ser, em nossos relacionamentos e na relação com a unidade do todo. Nosso fazer é a consequência de nosso ser, e nosso corpo é como um microcosmo do universo.

Devemos assumir a responsabilidade pela nossa evolução

Estamos atravessando uma ponte, fazendo uma transição. Não somos o que éramos e ainda não somos o que seremos. É uma transformação interna que não pode ser explicada pela razão. Temos um trabalho enorme para fazer no campo físico, emocional e mental. Sentimo-nos exaustos com o excesso da demanda, com a quantidade de coisas em um mesmo momento e com a incerteza do desconhecido, que sabemos que está chegando. Sentimos a inquietação, mas não encontramos explicações lógicas. Assim, é preciso nos entregar ao fluxo sem lutar contra, sem tentar prender o que precisa ser liberto, sem segurar o mundo conhecido, pois ele não caberá em nosso novo padrão de universo pessoal.

Precisamos transcender nossos medos e aprender mais sobre o amor, começando pelo amor próprio e expandindo para os demais. Isso é tudo o que o momento nos pede. Com essa atitude, nos libertamos e conquistamos novos horizontes com mais paz, tranquilidade e serenidade.

Vamos assumir o comando de nosso ser, elevar nossa vibração sendo positivos, cuidando de nossos pensamentos e das imagens geradas por ele, atentos e conscientes em nossas emoções e ações em prol de nossa integração e alinhamento com equações que descrevem a lei universal.

Estamos sentindo uma frequência mais elevada que emana dentro de nós, experimentando partes fragmentadas de nossa essência, percebendo que fazemos parte de um todo maior, que somos um átomo que compõe esse corpo do universo, que nadamos no mesmo mar da existência, que somos parte desse oceano. Somos a água que flui e o ar que, mesmo invisível, está por toda a parte. Aos poucos, começamos a responder mais conscientemente a esse chamado e entender com sabedoria essa fonte maior que sentimos no coração, mas que não conhecemos através da lógica.

Força da criação = criar + ação

É preciso provocar uma ação para recebermos uma reação do universo. Precisamos agir para recebermos respostas. Com as ações e reações, virão mudanças, uma nova realidade e possibilidades.

Podemos ser conscientemente coautores de nosso destino e criar a realidade que desejamos viver. Não somos vítimas do destino, somos construtores dele e podemos atuar a todo instante para modificá-lo. Somos mestres de nosso próprio destino no plano individual e cocriadores da experiência coletiva, com a qual estamos sintonizados.

A realidade possui um número infinito de universos paralelos. Todos os dias um universo está sendo criado e descoberto. Todas as coisas se encontram em constante estado de mudança.

Nossa vida atual é como uma faceta de um diamante. É a maneira que lidamos com a vida que nos lapida, que nos fortalece ou enfraquece. Não são as situações por si, e sim como criamos nossa reação a elas. Este é nosso maior poder: encontrar nosso centro espiritual e reconhecê-lo livre das restrições do tempo, do espaço e da história.

Vivemos num momento de recordar quem somos e por que escolhemos estar aqui e agora. Unimos as peças de nosso quebra-cabeça individual, juntando partes há muito perdidas e esquecidas. Buscamos integrar nossa consciência, alinhar nosso ser com nossa alma, expressar a vontade divina de criar colaborando com um plano maior.

Estamos em nosso caminho espiritual de volta à origem. A vida na Terra é uma experiência criativa, e a busca do conhecimento e da sabedoria deve ocupar nosso tempo. Devemos aprender como estar no mundo físico sem nos apegarmos a seus prazeres ou nos envolvermos com seus problemas, pois tudo é passageiro. É apenas no momento presente que podemos mudar.

Entrega para o universo

Somos responsáveis por nossas realizações e mapeamos nosso universo todos os dias. Temos sempre de fazer nosso melhor, ser o melhor que podemos ser, equilibrando nossos corpos físico, emocional e mental. Somos responsáveis por nossa vida, e não pela vida do outro. Vivemos e compartilhamos com o outro enquanto nossos universos conseguem coexistir, contribuindo para o crescimento e a expansão do outro.

Se, em determinado momento, nosso universo tiver de se separar do outro universo para continuar expandindo, devemos entender que isso faz parte do processo natural. Não podemos nos submeter a viver uma situação de conflito e desarmonia diária. Temos de fazer o melhor para superarmos a crise e vivermos em equilíbrio. Porém, se isso for impossível, a separação deve acontecer para a preservação de nosso estado interno de paz e conexão.

Nesse momento devemos agir e entregar, pois não temos controle sobre as atitudes e as reações do outro. A entrega deve ser guiada pela fé e não pelo abandono. Devemos entregar para o universo, mas ao mesmo tempo fazer o que estiver ao nosso alcance e conhecimento.

Devemos ser altruístas e ter compaixão, mas isso deve resultar de um processo natural de amor, pois não podemos nos matar por dentro para ajudar o outro – temos de estar inteiros para ajudar o outro. Não podemos comprometer a missão que viemos realizar se o outro não quiser seguir o caminho ao nosso lado. Precisamos encontrar almas afins para compartilharmos diálogos, pensamentos e ações.

Somos os autores do roteiro de nossa vida

Como você está escrevendo a história de sua vida? Em qual classificação se encontra? É um romance? Uma tragédia? Um suspense? Uma comédia? Um terror? Um drama? Ou será um *mix* de tudo? Você é o personagem principal ou um figurante de sua própria vida? Quem são os outros personagens que se relacionam com você? Como estão sendo suas escolhas? Está transferindo suas responsabilidades para outros personagens? Você os culpa por suas escolhas ou desistências? Já descobriu quais são seus sonhos? Está lutando por eles ou acha que são impossíveis? O que realmente é importante em sua vida? Quando algo não dá certo, você desiste ou muda de estratégia? Você se conhece ou está buscando esse autoconhecimento? O que quer expressar para o mundo? Qual marca quer deixar? Quantas árvores pretende plantar? Quantas sementes está lançando no solo? Está regando seu jardim? Você se ama? Qual é sua capacidade de amar e se doar para os outros?

São muitas as perguntas, algumas respostas e várias incertezas. A jornada para descobrir quem somos é longa. Quando chegamos ao ponto que determinamos, descobrimos que ele nos leva mais adiante. Não temos certezas e não sabemos quantos desvios iremos encontrar, mas sabemos que somos nós os autores da história e, nessa função, podemos escolher o que faremos diante de cada obstáculo no caminho, obstáculos muitas vezes inseridos em consequência de nossas atitudes e ações anteriores, outras vezes por interferência de outros caminhos na teia maior que não compreendemos. Mas são as escolhas que fazemos para superá-los que nos conduzirão ao ponto mais alto e brilhante de nosso roteiro, nosso próprio crescimento e autoconhecimento.

Cocriação divina: coexistência e correlação

A cocriação divina se manifesta através do amor e da sabedoria, do alinhamento com os propósitos sublimes em benefício da humanidade. A frequência da cocriação é o amor incondicional pela criação, na lei de equilíbrio do universo interno e externo. É fundamental elevarmos nossa vibração no som universal para que possamos atrair a luz e materializar na forma. Se buscarmos a mudança só na matéria, nossa frequência será densa e a repetição de padrões será constante. Então, é necessária a mudança da frequência, sintonizando o amor na essência.

Fazemos parte do universo e do sistema solar, o qual faz parte de um sistema cósmico muito maior. Somos receptores e emissores das forças do universo. Temos um complexo sistema interno, uma consciência instalada em nossos corpos e uma memória potente em nosso subconsciente. Essas forças se misturam e interagem, se mesclam em nós.

Devemos estar atentos ao que sentimos, pensamos, observamos e analisamos. Quando nossos sentidos fazem contatos com as forças universais, deixando-as naturalmente fluir em nós, há união e percebemos que somos parte do todo e do um. Nessa união, a visão se une ao observador.

O caminho é interno, dentro de nós, e não precisamos de intermediários. As respostas não são mentais e sim intuitivas. Precisamos encontrar esse ponto interno e conectá-lo, desenvolvendo o amor cósmico. A humanidade precisa dar determinados passos para se elevar em outra vibração.

Quando trabalhamos para o universo, podemos dizer que em primeiro lugar trabalhamos para nós mesmos. Tudo conspira a nosso favor – nossos sonhos se realizarão e nossos desejos mais profundos e reais serão atendidos.

Nossa grande missão é aprender a natureza cósmica pela experiência individual. Temos de agir, sair da inércia, criar, colocar em prática com a tarefa maior, mudar nossa posição de seguidores para a de buscadores independentes. As forças estão dentro de nós.

Tudo o que acontece é resultado de escolhas

Quais são as consequências de minhas escolhas? Tudo o que acontece agora é resultado de minhas escolhas no passado, o futuro é gerado por minhas escolhas do presente. Existe um universo de possibilidades à nossa disposição, mas não estamos encontrando tempo para criar. Somos um projeto sem fim e, quando nos conectamos com nossa alma, criamos com naturalidade. Nossos dons são nossos verdadeiros poderes e nossa vida é edificada sobre o que amamos. Parece tão fácil! Mas por que é tão difícil aplicarmos tais conceitos naturais? Quão distantes estamos de nossa essência? Será necessário reaprender a ver o mundo ou nosso universo pessoal? Nosso limite é aonde podemos chegar? Será que não podemos ir além?

A inspiração vem do nível da alma, a ideia é seu resultado natural. Não é possível blefar com a verdade que vem de dentro. A semente é plantada na mente por uma consciência superior, mas precisamos ter o canal limpo e receptivo para percebermos e nos predispormos a gestar o embrião e dar à luz ao processo de transformação.

Quando mudamos a nós mesmos, mudamos o mundo. Não podemos nos esconder no sistema, nos iludindo e tentando ser iguais aos demais. Temos de investir em nossa busca, em nosso processo de autoconhecimento para construirmos o que verdadeiramente somos na essência. Temos de simplesmente ser para que possamos refletir a luz da fonte.

Capítulo 6

Corpo físico, emocional e mental

Não temos de esperar ficar doentes para então nos preocuparmos com a saúde.
Nuno Cobra

A mente, as emoções e a matéria estão interligadas

Nosso equilíbrio está na consciência e na percepção da importância do alinhamento do corpo físico, emocional, mental e espiritual, unindo o poder da vontade, o amor e a sabedoria. Nossa força está na união e na integração com nossos sentimentos, pensamentos, palavras e ações caminhando na mesma direção.

A mente, as emoções e a matéria estão interligadas: uma se reflete na outra. Quando essas partes caminham em direções opostas, não encontramos o centro de nós mesmos, a coerência da consciência, a criatividade e o poder da criação. Os pensamentos, sentimentos, emoções e desejos criam a imaginação. Essas imagens são veículos da força espiritual e, por meio de nossas ações, edificamos o plano material. Quando estamos alinhados, presentes e em harmonia, nos conectamos com o poder divino de forma mais fluida e conseguimos trazer essa energia superior para o plano físico.

Nossa verdadeira vontade é o desejo sagrado de nossa alma. É a união com o divino dentro de nós, a ligação de nosso coração e mente na relação que temos com os outros e com toda a criação. Essa é a vontade de Deus, que também é a nossa vontade primordial, na qual não há separação.

A luz divina está em nós. Por isso, precisamos somente recordar e nos libertar da falsidade, da ignorância, da raiva, do ódio, do medo, da ira, do orgulho, da crueldade e de todos os outros pensamentos e sentimentos negativos que nos tiram da harmonia com nossa natureza sublime. Temos de libertar o menor pelo maior, o inferior pelo superior. Esse é o verdadeiro sacrifício divino: fazer de nossa vida uma oração constante, em cada pensamento, sentimento, palavra e ação.

Consciência do corpo integrado: a totalidade do ser

Precisamos alinhar nossa mente com nossas emoções e ações. Dessa forma, integramos nosso ser e corrigimos o rumo de nossa vida. Quando buscamos nossa verdade interna e nos libertamos das crenças dos outros, descobrimos nossos dons e potenciais. Quando expressamos, assumimos a responsabilidade do resultado de nossas vidas.

O que importa é nossa resposta em relação ao que acontece conosco. Não devemos procurar desculpas, mas encontrar soluções, olhando mais para nós do que para o outro na crítica.

Precisamos tranquilizar a mente, aquietar os pensamentos, relaxar o corpo e pacificar as emoções, centrando nossa percepção e ampliando nossa consciência.

Quando alinhamos o coração e a mente, desenvolvemos virtudes como coragem, força de vontade, compaixão, capacidade de perdoar e sabedoria.

O corpo físico

Somos um microcosmo dentro do macrocosmo

O espiritual se manifesta no físico pela forma. No entanto, a origem da forma está no espírito, que, por meio da complexa estrutura geométrica do DNA, carrega nosso genoma. O DNA é o elo entre o divino e o material, é a linguagem pela qual Deus se expressa para criar a vida. Na união do masculino e do feminino somos gerados e, na estrutura desse líquido, o fogo do espírito penetra.

É o Um do sagrado, que na união de dois seres complementares gera um terceiro elemento. É a matriz divina, a matemática do universo. Conforme essa filosofia de pensamento, todos nós temos Deus em nosso ser. Todos nós fomos gerados por Ele, portanto, somos "deuses e deusas" em essência, sem a consciência desperta para essa realidade primária.

Pela união do espermatozoide com o óvulo, a semente de Deus é implantada. O feminino é fecundado pelo masculino, o pai se transporta através da água ou elemento parecido, que o conduz para chegar até o óvulo. Essa matriz inicial contém a geometria sagrada que já foi elaborada em outro plano. Ela é inserida pela união física na matéria, mas já está pronta em sua essência.

Após a fecundação, surgem os primeiros vestígios do bulbo raquidiano, o cérebro e a medula espinhal. Viemos para a matéria para experimentarmos, expressarmo-nos e integrarmos as partes fragmentadas para retornarmos à nossa origem divina. Precisamos despertar, voltar para dentro, descobrir e acordar.

As mesmas leis universais se aplicam no macrocosmo ou no microcosmo do homem, na evolução do sistema solar ou do átomo. Somos uma totalidade na ordem, uma unidade no todo. Temos um mundo quase autônomo, um universo reduzido ou expandido por meio da ampliação de nossa consciência. Somos um microcosmo perfeito.

Segundo o texto religioso hindu *Bhagavad-Guíta*, o corpo humano é uma réplica do universo, em que cada célula é um planeta e cada elétron e próton é um ser. O coração é o centro da galáxia do nosso corpo.

Corpo físico, nosso templo sagrado

Diz o escritor Stefano D'Anna, autor do livro *A escola dos deuses*: "Para as decisões mais cruciais de sua vida, sempre ouça o seu corpo. Espere ele ressoar com prazer e alegria, como o corpo de uma criança. É um formigueiro, uma sensação vibratória sob a pele. Este é um sinal do ser completo, unido e inteiro. Isso significa que você está pronto para entrar em ação".

Quando fortalecemos nosso corpo e damos mais poder a ele, por consequência, fortalecemos nosso amor próprio e nosso espírito. Quando passamos a gostar mais de nós mesmos, automaticamente, os outros também passam a nos admirar mais.

Nosso corpo possibilita a ação, o movimento e o equilíbrio. O corpo físico é um meio de expressão da alma. Por isso, precisa estar equipado para assumir as tarefas que nos propomos executar.

Quando mudamos o corpo, mudamos também a forma de pensar e de nos relacionar com os outros. Quando praticamos atividades físicas com frequência, tornamo-nos mais calmos, tolerantes, passamos a dominar melhor as emoções e a ter mais energia. Informamos as nossas células que nosso envelhecimento está sendo adiado.

Segundo o preparador físico Nuno Cobra, em todas as fases da vida é importantíssimo ter uma rotina de atividades físicas. Na infância e na adolescência aprendemos por meio do esporte a nos relacionarmos com os grupos, as diferenças, as semelhanças, o respeito, o trabalho em equipe, o autoconhecimento. Na vida adulta temos de exercitar o corpo para acalmar a mente e equilibrar as emoções. Quando ficamos mais velhos, os exercícios contribuem para o rejuvenescimento das células e revitalizam os neurônios mediante o aumento da circulação sanguínea do cérebro, proporcionando bem-estar.

Ou seja, a prática de atividade física é fundamental para a saúde e para o equilíbrio do organismo em todos os níveis – físico, mental, emocional e espiritual.

Cocriando nosso corpo físico rumo ao equilíbrio

Somos poderosos criadores de nossa própria realidade. Precisamos assumir a responsabilidade por nossas experiências e ter a consciência de que sempre podemos mudar nossa vida para melhor. Para isso, precisamos ter atitude e comprometimento com nós mesmos.

Não podemos afirmar que vamos emagrecer sem nos empenharmos para isso. Será fundamental nos reeducarmos na alimentação e praticarmos atividades físicas. Sem força de vontade, não é possível mudarmos nossa realidade. O corpo é um instrumento que recebemos para desempenhar nossa função no planeta Terra. Por isso, precisamos cuidar bem dele.

Hoje em dia as pessoas estão muito ocupadas e não têm tempo para o contato consigo mesmas, com a natureza ou para fazer uma pausa para o silêncio. Não conseguem parar para se observar, para olhar o mar, escutar o canto dos pássaros ou a chuva caindo. Não contemplam mais o nascer ou o pôr do sol. Espetáculos da natureza estão à nossa disposição todos os dias e sem custo algum. Precisamos apenas dar o devido valor e encontrar tempo para contemplar o cenário que nossa mente e nosso corpo necessitam para se restabelecerem e se equilibrarem.

Toda mudança começa por pequenos gestos, todo movimento deve estar ligado ao desejo de atingir objetivos maiores, todo trabalho corporal e mental deve ser constante, gradual e natural, tornando-se uma filosofia de vida. Podemos chegar até onde acreditamos.

Saúde é a sabedoria universal de Deus

Temos de seguir as leis da natureza, a sabedoria de Deus. A divindade está dentro de nós, em cada átomo, em cada célula. A escolha de nossa alimentação é fundamental para a saúde do nosso corpo.

Nossa alimentação e nossa crença geram o que somos. Nosso sistema econômico é voltado para tudo o que consumimos. Nosso corpo quer acompanhar a velocidade de nossa mente e faz opções pelo alimento rápido e prático, mas não nutritivo e saudável. Quanto mais acelerados estivermos, menos conseguimos cuidar de nosso corpo, de nossas emoções e de nossa mente. Perdemos a conexão e não conseguimos o equilíbrio.

O processo da alimentação vem dos sais minerais que são alimentados de luz e trazem a luz. As plantas captam a luz e trazem uma energia mais sutil. A carne é mais densa e desperta a emoção. A verdade nutre o corpo, a mentira é a incapacidade de ver a verdade. Precisamos transformar nossa alimentação e criar uma cultura diferente no planeta.

Há muito que falar a respeito de uma alimentação mais saudável, mas não é o objetivo deste livro.

O corpo emocional

É fundamental recuperarmos nossa integridade, nosso paraíso perdido. É urgente a necessidade de empreendermos nossa revolução individual.

A mãe de Chico Xavier tinha uma excelente receita chamada "Água da Paz". Ela dizia o seguinte: "Quando alguém lhe trouxer provocações com a palavra, beba um pouco de água pura e conserve-a na boca. Não a lance fora, nem a engula. Enquanto perdurar a tentação de responder, guarde a água da paz, banhando a língua".

Nossas experiências não podem ser discutidas nem interpretadas porque elas são o que são e valem por si sós. Nossos pensamentos são nossos, não do outro; a mente do outro é dele, não minha. Só posso ser responsável por quem eu decido ser e não pelo que o outro é ou pensa a respeito de mim.

Devemos desenvolver compaixão e empatia, colocando-nos no lugar do outro para entendê-lo melhor, não para julgá-lo, mas para ajudá-lo se possível, sem interferir em seu processo.

Precisamos entender que cada pessoa é um universo dentro de si mesma. Afinal, não existe ninguém igual ao outro. Há pessoas que encaram a vida como uma trajetória de descobertas, desafios e conquistas, considerando os obstáculos como propulsores para o crescimento, enquanto outras fazem da vida um martírio de tristeza, agonia e infelicidade, passando por problemas similares ao do outro que enxerga de maneira diferente.

Sentimentos negativos

Em uma das vindas do mestre espiritual Del Pe ao Brasil, recebi dele um grande ensinamento. Considero mestre espiritual como alguém que nos ensina pelo exemplo, alguém que traz luz e ilumina o que ainda não conseguimos enxergar, nos faz despertar e nos ajuda no processo de ampliação de nossa consciência.

Depois de uma agenda cheia de eventos que organizei para ele, sobrou um tempo antes de levá-lo ao aeroporto, e esse "espaço" foi preenchido com uma ida ao cinema. O filme que ele escolheu, porém, não tinha nada a ver com meu gosto pessoal, pois falava sobre a origem do mal. Falei que não gostava desse tipo de filme, e ele me disse que era justamente por isso que estava me levando ao cinema, porque eu precisava entender a origem do mal e que tudo começa dentro de nós mesmos.

Fomos assistir *Hannibal – A Origem do Mal*, dirigido por Peter Webber. O filme começa com a fuga da família Lecter de seu castelo na Lituânia em 1944 durante a Segunda Guerra Mundial. Na fuga, os pais de Lecter morrem no confronto entre o exército vermelho e os alemães. Hannibal e sua irmã mais nova Misha se abrigam numa cabana, depois descoberta e invadida por lituanos colaboradores nazistas. Com a falta de comida, os colaboradores canibalizam Misha. Hannibal sobrevive e acaba num reformatório soviético, mas acaba fugindo e empreendendo uma jornada de Kaunas até a residência de parentes na França. Lá, encontra apenas a senhora Murasaki, viúva de seu tio, que o acolhe e o ajuda a tornar-se um estudante de medicina em Paris. Com desejo de vingança, ele procura os responsáveis pelo crime contra sua irmã e os mata de forma bárbara um a um.

Realmente, tive um grande aprendizado ao assistir a esse filme e, com sua ajuda, pude entender a essência. Compreendi o falso conceito de separatividade e não unidade, de revidar, de dar o troco e ser possuído pela força negativa que tentou nos atingir. Essa força veio de fora para nos ensinar algo e, se nos revoltarmos, integramo-nos a ela, colaborando para a propagação da falta de amor.

O bem e o mal

O mal é apenas a ausência do bem. É o que nos torna pior, o negativo, o que destrói, o que vem do livre-arbítrio e da ilusão separatista em relação ao infinito. O bem é a presença, o infinito, o que nos torna melhor. O bem e o mal são gerados dentro de nós, independem dos acontecimentos externos que são tentações. É a maneira que agimos e reagimos, como criamos nossos pensamentos e ações.

Existe uma lei universal que quanto mais servimos ao próximo, quanto mais bem fizermos ao outro, maior será o nosso crédito espiritual e, consequentemente, maior a proteção. Colhemos tudo o que plantamos em pensamentos, palavras, ações e intenções. Seremos julgados e medidos da mesma forma que o fizermos. Assim, é melhor não julgarmos. A regra de ouro é fazermos ao outro exatamente o que gostaríamos de receber.

O bem e o mal fazem parte da mesma unidade – só estão desequilibrados na força e não conseguem atingir o equilíbrio no qual transcendem a dualidade e atingem a essência da natureza.

O que é pecado?

É a falta de amor e egoísmo. Segundo Stefano D'Anna, a característica psicológica do "pensamento conflituoso" é a base sobre a qual é construída a visão comum do mundo. Para mudar o destino do homem é necessário mudar sua estrutura psicológica, seu sistema de convicções e crenças, as velhas formas de pensamento, ideias e preconceitos, a fim de libertar nossas vidas.

D'Anna afirma que apenas o indivíduo pode fazer isso. Diz também que os humanos parecem um enxame de insetos em movimento, homens engaiolados em seus escritórios, com pensamentos destrutivos capazes de prejudicar a si próprios e depois aos outros, caminhando às cegas em bolhas de esquecimento e infelicidade.

O amor e o medo

Neste livro dedico um capítulo ao tema "amor" e um pequeno texto ao seu antagonista, o medo.

O medo é superado quando elevamos nossa consciência ao nível de nossa alma. Temos de enfrentar nossos medos na busca sagrada de nós mesmos. É fundamental focarmos em propósitos mais elevados, nos quais coração, atenção e mente possam nos colocar acima dos pensamentos receosos, repletos de dúvidas e incertezas. A segurança é confiar em nós mesmos, em nosso potencial e em nossos dons, em um estado de certeza do ser, abençoado pela luz que nos autogoverna, sem pecado ou culpa.

Não duvide: acredite. Não tema: vigie. Sinta-se seguro, já que nada externo pode destruir seu ser interno. Não deixe que a sociedade o manipule com medo, ansiedade e instabilidade.

Qual é seu medo? Não ser amado? Não ser valorizado? Ser abandonado? Ser incapaz? Falhar? Se corromper? Não contar com o apoio dos outros? Ser magoado? Sentir dores? Ser invadido? Ser aniquilado?

Atrás de cada medo existe um desejo fundamental. Qual é o seu desejo? Sentir-se amado? Ser valorizado e aceito? Ser capaz de se encontrar? Ser competente? Ser correto e íntegro? Encontrar apoio e segurança? Ser feliz? Se realizar? Determinar o curso da própria vida? Manter o equilíbrio interior e a paz de espírito?

Independentemente do medo e do desejo, temos características positivas e negativas. No entanto, por meio do autoconhecimento e de escolhas, manifestamos mais amor ou medo. Por trás de cada ato há uma intenção de amor, autenticidade, perfeição, sabedoria e coragem. Existem também as armadilhas de irritabilidade, ressentimento, vaidade, melancolia, bajulação, avareza, covardia, comodismo e vingança. Assim como existem as virtudes de humildade, veracidade, serenidade, desapego, equanimidade, coragem, inocência, perdão e ação correta.

O que você mais alimenta no seu dia a dia? O medo ou o amor? As características positivas ou negativas de seu ser? Como supera as armadilhas autoimpostas? Como manifesta suas virtudes e a verdade de sua essência?

O seu universo a você pertence

Os sete pecados capitais e as sete virtudes

O ego quer ser servido em vez de servir. Ele vem de fora, não de dentro. Quer o prazer imediato e busca a quantidade, não a qualidade. Busca ter e aparecer, sem se importar com o ser. Quer o brilho do mundo, a "purpurina", mas não quer servir como instrumento da luz. Aprisiona-se na ilusão da matéria e não percebe o Cristo interno. Não tem consciência de que o verdadeiro reino está dentro de si.

O ego se identifica com os sete pecados capitais, e a alma, com as virtudes. O ego sente ira, vaidade, inveja, avareza, gula, luxúria e preguiça, enquanto a alma tem paciência, humildade, gratidão, generosidade, contemplação/esperança, simplicidade e serviço. Para cada característica negativa, uma virtude correspondente para trabalharmos e elevarmos nosso grau de consciência.

A *ira, raiva ou ódio* representam a ausência de amor e de união. Provocam o mal em quem o sente e irradia para todas as pessoas de seu convívio. Quando somos tomados por esse sentimento, sentimo-nos fortes e guiados pela justiça, mais esclarecidos na escuridão, sem percebermos nossa impotência perante a luz. Essas sensações sempre são superadas pelo amor e pela *paciência* na lei eterna.

A *humildade* liberta, faz-nos sentir igual ao outro, conecta-nos na igualdade do ser e não do ter, do ser e não do saber, do respeitar e entender que todos somos um, cada um em seu processo. A *vaidade* e o orgulho aprisionam a pessoa.

Os sete pecados capitais foram estabelecidos por São Gregório Magno. Antes dele falava-se em oito pecados capitais. Havia o *orgulho* separado da *vaidade* e *a melancolia* no lugar da *inveja*. O oposto do orgulho é o perdão.

Nossa alma nunca se ofende e não tem a necessidade de perdoar. Nosso ego se ofende e, quando não temos a capacidade de perdoar ao outro, é porque nosso eu superior não nos perdoa. Somente quando nos perdoamos é que conseguimos perdoar e, nesse momento, descobrimos que o único prisioneiro éramos nós. Perdoar é abandonar a carga emocional associada à sensação de injustiça.

Disse o teólogo cristão Tertuliano: "Você quer ser feliz por um instante? Vingue-se! Você quer ser feliz para sempre? Perdoe!".

As chaves libertadoras são o amor, a gratidão, o reconhecimento e o perdão.

Segundo Del Pe, as oito chaves para as virtudes são: disciplina e constância, poder e vitalidade, objetividade e praticidade, benevolência e consciência de grupo (sacrifício, boa saúde e altruísmo).

Gratidão e reconhecimento

É fundamental nos sentirmos gratos por tudo o que recebemos diariamente do universo. Precisamos aprender a agradecer por um novo amanhecer e uma nova oportunidade de criarmos coisas todos os dias. Antes mesmo de levantarmos da cama, devemos dizer: "A vida é boa, a vida é bela, eu amo a vida", ou qualquer outro pensamento parecido para que possamos nos sintonizar com boas energias antes de colocarmos os pés no chão prontos para um novo dia.

Ao tomarmos o café da manhã, devemos agradecer às pessoas que compartilham desse momento por mais um dia de nossas vidas. Não precisamos expressar com palavras: o que importa é o sentimento de gratidão.

Ao sairmos de casa, devemos agradecer por termos saúde para mais um dia de aprendizado na escola da vida. Ao pegarmos o carro ou qualquer outro meio de transporte, devemos observar a paisagem, de preferência o céu e a natureza, que todos os dias nos apresenta um espetáculo diferente.

Ao chegarmos ao trabalho, à escola ou qualquer outro destino, devemos agradecer por simplesmente estarmos naquele local compartilhando vivências com outros seres humanos.

Ao retornarmos para casa depois de um dia cheio, devemos agradecer por toda proteção que recebemos e por termos um lar e uma família.

Ao tomarmos banho, agradecemos pela maravilhosa água que escorre do chuveiro para eliminar as impurezas que acumulamos no decorrer do dia. Agradecemos novamente pela refeição e, mais tarde, ao colocarmos as crianças na cama, agradecemos pelos maravilhosos filhos que tivemos a graça de receber e ao deitarmos agradecemos por tudo o que temos, por toda proteção e amor que o Criador maior nos concede e que na maioria das vezes nem notamos, nem agradecemos todas as imensas graças recebidas diariamente.

A regra é esta: quanto mais tivermos esse sentimento de gratidão, mais receberemos. É preciso desenvolver esse sentimento em nossos corações.

Sexo, dinheiro e poder

Sexo, dinheiro e poder não são negativos nem positivos: depende de como os usamos. Normalmente, por falta de consciência, essas três coisas nos iludem e nos aprisionam.

A energia sexual é poderosa, pode ser sagrada ou profana, boa ou ruim, positiva ou negativa. Quando essa energia é usada com amor, sublima e consagra o ser; quando é usada sem amor, densifica e se prende na matéria. Não é o sexo em si: é a maneira como o utilizamos.

O dinheiro não pode ser o fim em si mesmo, deve ser consequência do trabalho. O impulso para acumular riqueza material é insaciável. Quanto mais temos, mais queremos, quanto mais ganhamos, mais gastamos. E, normalmente, quanto mais recebemos, menos doamos. Será que esses valores estão corretos?

O dinheiro não é bom nem ruim: depende de como nos relacionamos com ele. Se ganhamos muito dinheiro e proporcionamos trabalho e renda com justiça para os homens e suas famílias, estamos cumprindo nossa função.

O poder sem amor é destrutivo, gera compulsão, falta de compaixão, concorrência exacerbada, dureza, exaltação do ego, ilusão, domínio somente material, a sensação de ser mais que o outro, quando na realidade o ser não consegue ser. O poder com amor constrói, une, semeia, multiplica e cumpre sua divina função.

Construir demora anos, destruir é num instante

É difícil construir, mas destruir é muito fácil. Levamos anos para estabelecer um relacionamento de confiança e reciprocidade, mas em pouco tempo podemos destruí-lo, ou ao menos afetar a estrutura.

É preciso equilíbrio. Quando não estamos bem com nós mesmos, irradiamos angústia, raiva, palavras agressivas que ferem tanto quanto ou até mais que a agressão física. Muitas vezes, agindo dessa forma começamos a destruir o relacionamento com as pessoas próximas, a única coisa que poderia nos dar suporte para enfrentarmos nossos problemas e conflitos emotivos.

São necessários reflexão, diálogo e mudança de postura em relação às dificuldades. Temos opções na vida. Em todos os momentos, podemos escolher a maneira de agir e encarar, aprender por meio do amor ou da dor. Vamos aprender de um jeito ou de outro: chorando ou sorrindo.

Por que sempre queremos estar acima dos demais?

Uma das características que mais impressionam no ser humano é o quanto eles querem que o outro ser humano esteja abaixo dele, nunca acima. Em geral, o ser humano se sente feliz com a desgraça do outro. Em uma empresa, quando o chefe chama a atenção de um funcionário na frente dos outros, todos parecem apoiar tal situação. Externamente fazem o possível para não demonstrarem, mas internamente vibram e celebram.

Infelizmente, eles não percebem que os maiores prejudicados são eles próprios, pois, quando ajudamos os nossos semelhantes, crescemos na graça e na sabedoria de Deus. No entanto, quando tentamos prejudicá-los ou apoiar situações colocando o outro para baixo, estamos na realidade andando para trás, descendo na escala divina. A vida é muito sábia: com o tempo, retribui os aprendizados, dando graças ou dificuldades.

O que prevalece em nossa mente são as experiências emocionantes

Tudo o que nos predispomos a experimentar e a viver de maneira consciente aqui e agora se soma ao nosso ser. Todas as emoções e sentimentos são registrados em nossa mente, se alojam em um local especial de nosso cérebro. A memória existe porque existiu uma emoção associada ao aprendizado. As experiências satisfatórias ou dolorosas, alegres ou tristes, boas ou ruins, prazerozas ou desprazerosas se tornam parte de nós.

O médico Juan Hitzig, especialista em medicina geriátrica, estudou as características de alguns longevos saudáveis e concluiu que, além das características biológicas, o denominador comum entre todos eles está em suas condutas e atitudes.

Cada pensamento gera uma emoção e cada emoção mobiliza um circuito hormonal que terá impacto nos 5 trilhões de células que formam um organismo. As condutas S (serenidade, silêncio, sabedoria, sabor, sexo, sono e sorriso) promovem secreção de serotonina, enquanto as condutas R (ressentimento, raiva, rancor, reprovação, repressão e resistências) facilitam a secreção de cortisol, um hormônio corrosivo para as células, que acelera o envelhecimento. As condutas S, por sua vez, geram atitudes A (ânimo, amor, apreço, amizade e aproximação). As condutas R, ao contrário, geram atitudes D (depressão, desânimo, desespero e desolação). O sangue ruim, com muito cortisol e pouca serotonina, deteriora a saúde, oportuniza as doenças e acelera o envelhecimento. O bom humor, ao contrário, é a chave para a longevidade saudável. Quem oscila de humor o tempo todo está fora de seu eixo. Quando estamos equilibrados, não somos reféns dos acontecimentos diários.

Diga sim à vida

Diga sim ao amor, à amizade, à motivação, à alegria, à verdade, ao perdão, à gratidão, ao reconhecimento, à sinceridade – diga sim para tudo e todos que despertem o seu melhor potencial, seus dons, o que de melhor existe dentro de você. Diga não ao medo, à raiva, ao ódio, à vingança, ao mau humor, ao orgulho, ao rancor, à crueldade, diga não para tudo e todos que o levem para baixo. Viva o lado positivo, se ligue em boas vibrações e frequências. Descarte tudo o que não lhe serve mais, jogue fora tudo o que está pesado em sua mala pessoal, renove-se, faça uma faxina em seu interior, em suas emoções e não se apegue a nada, liberte-se do antigo para abrir espaço a um novo ser dentro de você, acorde, desperte todos os seus dons adormecidos, recorde a beleza de sua essência, resgate a arte dentro de você, a música, a dança, a brincadeira, o sorriso, a leveza e o prazer de simplesmente ser.

Ajudar os outros, sim, mas sem incorporar os problemas dos outros em sua vida. Não se envolva, ajude de fora – olhe a floresta como um todo e não entre na paisagem.

O corpo mental

A mente que transcende a razão

A noção hindu de "pensamento" é muito mais ampla do que a visão predominante no Ocidente. Ela não se aplica exclusivamente à atividade mental consciente, englobando também as dimensões modernas de subconsciente e inconsciente.

Na cabala, "mente" significa muito mais do que a mente comum do intelecto e da razão finita. Abrange também a mente intuitiva, superior, universal, a consciência cósmica. O gnóstico tem por objetivo a transcendência completa do ser mental, que vem de um nível da mente universal. Gnóstico é um termo que deriva do grego *"gnostikos"* que significa "aquele que tem o conhecimento", a ideia central é que em cada homem há uma essência imortal que transcende o próprio homem. O caminho para a libertação dos sofrimentos é o conhecimento intuitivo e transcendental, não o racional e o científico.

A mente iluminada é sentida como corrente de inspiração em que as percepções são unidas, formando um fluxo que pode se estender durante um período maior ou menor de tempo. A mente intuitiva é a experiência do conhecimento e entendimento de um tema completo sem explicações lógicas. A pessoa sente e capta o que não foi falado, visto ou vivido.

A mente universal tem uma consciência da unidade sagrada e da existência de um conhecimento da fonte. É uma sabedoria espiritual e metafísica que está acima do conhecimento do mundo. A mente é a intérprete da energia espiritual.

A mente mais ampla no nível da personalidade é a integração dos três aspectos inferiores: as consciências física, emocional e mental. É o alinhamento do plexo solar, do coração e da cabeça. Com força de vontade, disciplina, atenção plena, serviço ao próximo, amor e meditação, a consciência se expande, buscando a união com a alma.

Temos de usar nossa mente racional e transcendê-la, uni-la à mente intuitiva e usá-las como instrumentos para nos elevarmos a outro nível de consciência, construindo as teias de ligação com o plano espiritual.

A razão na busca da verdade é fundamental para a visão interna. A mente capta e reflete a luz. A informação é levada do exterior para o interior; já a compreensão é um processo criador na direção oposta.

A mente

Conhecemos bem nossa instável mente. O constante e tumultuado diálogo interno, os conflitos, a identificação com todos os papéis que representamos e as conclusões erradas por entendermos e percebermos de maneira equivocada.

O mais importante é o que pensamos a respeito de nós, pois nos tornamos o que pensamos. A nossa mente e os nossos sentidos são portais que trazem o conhecimento externo para a consciência interna. É no interno que processamos a informação e compreendemos através da significação, ou seja, do sentido que damos para nossa percepção e posterior criação por meio da inspiração, trabalhando no sentido do interno para o externo.

A mente é um instrumento fundamental no processo, mas é preciso saber usá-la, interpretá-la de maneira correta, superando a grande ilusão da matéria e da forma, aprendendo a enxergar, ouvir e sentir com uma consciência mais ampla. A forma é um canal de expressão, é a consequência e não a origem.

As grandes obras de arte foram criadas em momentos de introspecção e solidão do artista, mas sua luz transcende o tempo e o espaço. Conseguimos atingir outro nível de consciência ao escutarmos uma música de Beethoven ou visualizarmos um quadro de Van Gogh. Ultrapassamos os limites racionais e adentramos no espaço criativo de nossa própria existência, onde a mente não mente.

Mente e coração

Temos duas estradas principais para chegarmos à iluminação e à libertação. A mais fácil é por meio do desenvolvimento do amor antes do poder da mente, pois quando aprendemos a amar e conquistamos o poder da mente, não iremos utilizar esse grande poder contra os outros ou contra nós mesmos. Quando aprendemos sobre o poder da mente antes de amar, podemos prejudicar os outros e a nós mesmos, pois o poder sem amor destrói.

Muitas guerras foram realizadas pela liderança de grandes mentes e muitas conquistas foram executadas pelo poder da mente do homem. No entanto, esse homem só pode conquistar o poder de outros homens. O verdadeiro poder é o divino, e este só pode ser conquistado pela sabedoria do coração.

Precisamos aprender a controlar nossa mente e não sermos controlados por ela, entender seu poder e sua potência para que possamos fazer bom uso deles. Devemos controlar os pensamentos e as palavras. A mente é fabulosa: pode criar seu céu ou seu inferno pessoal. O cérebro não distingue o que pensa e o que vive – ele também vive o que pensa. Para a mente, tudo é o pensar. No entanto, quando o intuir e o sentir estiverem desenvolvidos, serão mais poderosos do que a mente analítica e racional, irão constituir um sentido mais amplo, menos explicável em palavras e mais entendido na síntese da união.

A mente é inteligentíssima, poderosa, mas precisa ser usada com o coração. Uma mente muito desenvolvida, mas com um coração pouco desenvolvido, é capaz de cometer muitas atrocidades. Nada funciona bem sozinho. O segredo está no equilíbrio e, quando o atingimos, surge uma nova ponte para nos levar ao outro lado, uma ponte antes inexistente que surge quando fazemos as conexões corretas, provando que estamos preparados para aprender um novo "sentir", um novo caminhar.

Um passo importante é quando conseguimos conciliar nosso **equilíbrio mental, emocional e físico**. Quando conseguimos fazer que nossa mente queira o mesmo que nosso coração, nossas emoções e nosso corpo, estamos no caminho correto. A ordem dos fatores não é importante – o que vale é que todos queiram a mesma coisa, que estejam alinhados a maior parte do tempo.

Tudo é mente: o universo se originou na mente de Deus

O homem, à imagem e semelhança de Deus, também cria sua realidade com a mente, que inicia todos os processos. Tornamo-nos árbitros do nosso destino quando pensamos com consciência. A primeira lei de Hermes Trismegisto é a lei do mentalismo, segundo a qual o universo é mental e tudo é mente.

Quando a mente está em paz e em sintonia com o universo, tudo flui. A ação é necessária, mas a entrega é fundamental. Temos de escolher a frequência que desejamos nos conectar, pois aprisionamo-nos no estado de espírito de nossa mente. Quando a mente faz maldade para outros ou para si mesma, ela se aprisiona nesse estado energético e passa a viver a realidade em constante pesadelo.

O ambiente de violência em que vivemos na Terra é consequência da soma de milhões de mentes descontroladas. O conflito externo é um reflexo do extremo conflito interno das pessoas. Os pensamentos projetam acontecimentos no mundo. O poder da mente e da imaginação criativa de uma pessoa é enorme. Imagine o poder de muitas mentes e imaginações conectadas na rede global. Estamos abertos uns aos pensamentos dos outros, somos sensíveis, transmissores e receptores simultaneamente e o tempo todo.

Equilíbrio físico, emocional, mental e espiritual

É fundamental termos um ponto de equilíbrio. Sempre imagino uma linha e tento andar próxima a ela, às vezes mais abaixo, às vezes mais acima, mas quase nunca muito acima ou muito abaixo. Esse ponto de equilíbrio é dinâmico, está sempre mudando.

É preciso ter consciência para reconhecer quando estamos mais próximos do Tao ou do caos. Podemos passar pelas transformações deste de maneira mais suave e com maior compreensão do todo. Somos responsáveis pelas nossas escolhas, mas muitas vezes não recordamos o plano maior e a missão que nós mesmos estabelecemos antes de chegarmos aqui. Iludimo-nos pela matéria e fazemos que ela passe a ser nossa realidade maior.

Quanto mais convergirmos a nossa vida e a realidade de nossa alma, quanto mais expressarmos as verdades de dentro alinhadas com a verdade de cima, mais integramos nossa personalidade com nossa alma, até alcançarmos a consagração com o espírito, a essência do fogo sagrado que nos conecta com a essência do divino.

Precisamos **equilibrar nossa natureza física, emocional, mental e espiritual, guiando-nos pela alma**. Ao estarmos mentalmente equilibrados, conseguimos nos elevar espiritualmente e atingimos a sagrada compreensão.

Quando conseguimos alinhar o coração e a mente, abre-se um grande portal da consciência, mostrando uma realidade até então desconhecida. É necessário ter experiência, autodisciplina, vontade, altruísmo e muito preparo para chegar até essa porta que nos tira mais um véu.

Capítulo 7

A espiritualidade: a eterna busca

Não somos seres humanos passando por uma experiência espiritual. Somos seres espirituais passando por uma experiência humana.
Teilhard de Chardin

Espiritualidade

Nasci conectada à espiritualidade e, na jornada de minha busca, ao procurar me conhecer melhor e compreender os mistérios do universo, encontrei a meditação, a oração, sonhos, viagens, culturas, religiões, mestres e outras experiências espirituais que me fizeram deparar com a indescritível e infinita sabedoria de Deus. Está muito além de meu vago entendimento racional ou intuitivo, mas continuarei investigando na eternidade de meu espírito, no qual tenho a consciência de que faço parte da criação. Sou cocriadora de meu universo pessoal e contribuo para um universo mais amplo.

Nessa trajetória percebi que quanto mais me conheço, mais posso entender os outros. Percebi que não pertenço a uma única linha, que meu caminho não está na restrição, e sim na união. São várias linhas que se entrelaçam para formar novas trajetórias na sincronicidade da vida. Descobri um universo dentro de mim e sei que posso extrair conhecimentos de minhas experiências internas. Encontro respostas e desperto minha consciência na medida em que procuro, abro-me e entrego-me para essa energia do divino e da alma de luz contida em cada ser. Quanto mais busco meu eu, mais ele se funde no todo – e é exatamente aí que encontro Deus, a origem e o fim da criação, no qual o princípio e o término coexistem.

É nessa dimensão que experimento minhas meditações mais profundas e acesso determinados níveis nos quais não há espaço para dúvidas da existência de formas de vida mais elevadas e que estão além de nossa compreensão racional e limitada. Existe uma inteligência de ordem divina que permeia tudo e todos, transcendendo quaisquer explicações lógicas que buscam traduzir o inexplicável. É como um químico tentando fazer um bebê compreender a tabela periódica. Se não conhecemos o alfabeto, não podemos escrever ou ler, mas podemos saber de sua existência.

A luz e a sombra estão dentro de nós. Ambas servem para nos iluminar e libertar. O jogo de ilusão e realidade está em nossa mente. O que parece ser restritivo pode ser libertador e o que nos ilude parecendo libertar pode nos prender. Somente através do autoconhecimento podemos discernir melhor nosso mundo interno e não nos ludibriarmos pelo que se apresenta como real. Somos um espelho: quando nos identificamos com a luz, aproximamo-nos do divino; quando nos afastamos da luz, identificamo-nos com a escuridão. É fundamental enfrentar e transformar a sombra e o medo em luz e certeza.

São histórias dentro de histórias, véus dentro de véus, camadas sobre camadas até atingirmos o centro de nós mesmos. São códigos não decifrados, palavras não entendidas, entre linhas não escritas que, quando intuídas, fazem toda a diferença e nos conduzem para a próxima página ou capítulo de nossas vidas.

Quanto mais amor e alegria sincera emanarem de nossos corações, mais naturalmente atraímos a luz. Com nossa atitude, convidamos e recebemos a luz, transformando-nos em um canal por onde ela possa se expressar. Somos nós que decidimos se queremos ou não irradiar o divino em nós e através de nós. A vibração superior, energia ou luz que vem de cima se conecta com quem está pronto para recebê-la. Se o receptor não está pronto para determinada carga energética, não pode suportá-la, pois iria queimar.

Precisamos limpar nossos recipientes e preenchê-los com amor, compaixão, pureza e verdade de alma. Sem esses ingredientes, a luz não se identifica e se repele. Há um longo tempo de preparo na responsabilidade e confiança sagrada. Há também um grande propósito para os que conseguem captar alguns matizes de luz. É primordial irradiar a luz da vela para as demais. Com uma acendemos a outra, e a luz se amplia. Quanto mais luz irradiarmos, mais participativos nos tornamos na obra divina, e a vontade do divino se torna nossa própria vontade.

Servidores conscientes

Em busca do autoconhecimento, deparamo-nos com o ser e o não ser, o eu e Deus, o indivíduo e o coletivo, a dualidade e a unificação. Nesse percurso,

O seu universo a você pertence

descobrimos que a chave é o amor universal e que o instrumento é servir, trabalhando na obra divina para trazer paz para a Terra. Somente com amor podemos resistir à prova rigorosa do poder, fazendo que a sabedoria predomine sobre o conhecimento, que a intuição impere sobre a razão, que a fé e a esperança envolvam nosso ser na afluência da grande força.

Precisamos irradiar a luz alojada no coração, unindo o corpo, a mente e o espírito na essência de nosso Cristo interior. Essa luz tem o poder de modificar a si mesma e a tudo o que iluminar, afastando a escuridão. Ao abrirmos esse farol, iremos clarear tudo, incluindo impurezas e imperfeições de nós mesmos. Para isso, é preciso determinação, perseverança, disciplina e não envolvimento emocional ou mental com os acontecimentos. É preciso limpar e solucionar questões não resolvidas, vendo-as de um ponto mais alto do que o degrau em que as criamos.

Ao despertarmos a consciência, alteramos a relação com a humanidade e a criação. Assumimos a responsabilidade por nossa vida e entendemos que, quando nos tornamos seres melhores, contribuímos também para um mundo melhor. Não praticamos a espiritualidade em benefício próprio, mas para todos, unindo Terra e céu na criação conforme a vontade divina.

É fundamental unirmos nossas forças e trabalharmos juntos na obra da evolução consciente, compartilhar o que recebemos do plano divino, gerando bênçãos para a humanidade. Todos podem semear o jardim com amor, contribuir com as mais diversas atividades e profissões para um mundo mais iluminado, mais sutil, mais divino. Vamos abrir os canais de luz interna, manifestar e expressar, trabalhar para a descida da luz à humanidade e para a elevação da humanidade à luz. Vamos juntos servir uns aos outros, amar uns aos outros de acordo com a pura e natural essência de nossa alma e da vontade suprema e sublime, traçando no céu a cruz celestial da união.

Deus é muito grande para se fixar em uma única religião

As diversas religiões falam sobre um mesmo Deus por meio de idiomas, culturas, tradições e credos diferentes. Não importa qual é a religião, o que importa é que temos uma fonte única que emana para todos. O que importa é nosso caminho do autoconhecimento para chegarmos a Deus com a pureza de nossos corações, com a clareza de nossas mentes e com o alinhamento de nosso eu superior, nossa alma, nosso espírito.

Deus é amor, a fonte de luz suprema, uma força que liberta, não uma força que controla. Essa fonte de luz irradia para todas as religiões do planeta, para nosso sistema solar, para todo o universo. A concepção de um Deus oculto, uma mente universal e uma energia central estão no coração de todas as religiões. Essa divindade no universo é de natureza idêntica, mas muito superior, em grau de consciência, à divindade oculta no interior de cada um de nós. Podemos falar com o mestre sem intermediários, sem protocolos religiosos. Com a pureza no coração, nos conectamos ao nosso templo interno onde ele habita.

Em um diamante perfeitamente puro e lapidado, a luz refletida se difunde em cores. Apesar das nuanças desse prisma de cores, ele continua sendo parte do diamante. A luz maior nos ajuda a despertar em nosso interior o conhecimento de como cada um de nós participa da criação da realidade com cada pensamento, cada palavra e cada ação servindo como uma estação no espaço mental, de acordo com o que captamos de amor e luz. Nós somos o reflexo de tudo o que existe, sempre existiu e sempre existirá: o todo.

Deus está em cada célula do nosso corpo

A chave para o despertar espiritual é o amor colocado em prática. É a experiência do grande poder que existe dentro de nós e, ao mesmo tempo, uma grande abertura para experimentarmos um poder maior do que nós mesmos. É tomar consciência de que o estado de luz sempre existiu. Nessa vibração, penetramos em uma dimensão fora do tempo, mas dentro do coração, onde somente o amor permanece e é eterno.

A Última Ceia realizada por Jesus foi uma reunião com propósito espiritual. Quando repartiu o pão entre os presentes, Jesus distribuiu um determinado poder para cada um. Durante séculos, a humanidade buscou o Santo Graal como se fosse algo externo, um objeto. Na realidade, o Santo Graal está dentro de cada um de nós e, com o despertar do amor no coração, podemos senti-lo. Jesus tentou nos transmitir que todos nós temos o poder divino, que esse é um dom concedido a todos os seres humanos, mas precisamos cultivar o jardim de nossa alma. Se não cuidarmos de nosso jardim, ervas daninhas da ignorância e negatividade humana o invadirão. Em nosso coração as sementes do amor devem germinar, florescer e mudar o mundo.

Coração: o fogo sagrado

Em nosso coração arde a chama do fogo sagrado. É a consciência crística dentro de nós e o potencial de nossa divindade esperando para atuar em nossa humanidade. Essa centelha é puro amor e sabedoria que nutre nossa mente com o conhecimento e o uso correto das leis de Deus até atingirmos a iluminação. O destino da alma manifestado no físico faz o indivíduo atingir a realização criativa na cocriação com a fonte superior.

Nosso templo sagrado é interno, nossa câmara secreta está em nosso coração. Nela reside um campo de luz atemporal e protegido pelo divino que nos conecta com outras dimensões e nos integra com o cosmos. O tesouro desse ponto de contato é a consciência e o reconhecimento de que somos uma faísca de fogo do coração do criador. Ele está em nós, mas nós ainda não estamos nele – somos fragmentos do todo que tudo contém, temos a essência do amor, sabedoria e poder.

Ao atingirmos a maestria crística individual, a iluminação expande de nossa consciência interior, envolvendo todo o nosso ser gradualmente até Deus. Precisamos liberar e desenvolver nossos dons e talentos individuais para nos elevarmos, nos purificarmos e nos harmonizarmos como membros da raça humana, aumentando a energia pacífica e do bem. Devemos expressar as qualidades do amor divino, sabedoria, poder, liberdade, compaixão, tolerância, perdão, paciência, benevolência, unidade, fraternidade, diplomacia, cultura, beleza, perfeição, autodomínio e cocriação. É fundamental ampliarmos o amor em nossos corações e irradiá-lo como a luz do sol para a humanidade, afastando a escuridão do planeta. Quando a luz do coração brilha no ser, tudo transforma, derrubando barreiras e implantando o poder do amor infinito.

Espiritualidade: a religião da união e da paz

Quando as pessoas perguntam qual é minha religião, digo que sou espiritualista, e quase todos fazem uma expressão de ponto de interrogação.

Explico que acredito em um Deus muito poderoso que é onipresente e onisciente em todas as religiões, em tudo e em todos. Para mim, a espiritualidade é a síntese, é a união, é una, interliga e conecta. Ela se manifesta quando ouvimos nossa voz interior, raciocinamos, intuímos, questionamos, buscamos, somos verdadeiros com nós mesmos, aprendemos com os erros, descobrimos novas realidades, confiamos, temos fé, despertamos nossa consciência para viver no momento presente, buscamos o sagrado em tudo e em todos, meditamos, acreditamos no eterno, sentimos paz interior, praticamos no dia a dia com ações e atitudes, em um constante processo de observação e transformação de nós mesmos.

Respeito a divindade contida em todas as religiões. Acredito que todas elas, de uma forma ou outra, nos levam a Deus. Cada uma tem sua forma de expressão e sua parte da verdade, mas a maioria tem um conjunto de regras dogmáticas. Estas dizem o que devemos seguir, falam do pecado e da culpa, inserem o medo em nossas mentes, ameaçam, amedrontam, reprimem, nos impedem de questionar, seguem os preceitos de um único livro sagrado em que devemos acreditar plenamente. No entanto, esse livro sagrado é diferente de outra religião que pede para crer, mas não explica, aprisiona nossas mentes, alimenta o ego, pratica a adoração e a renúncia ao mundo, sonha com a glória e o paraíso, promete tudo para depois da morte. São motivos de divisões e guerras por não aceitarem o diferente. Vivem no passado e no futuro, mas muito pouco no aqui e agora.

Haveria mais paz se um dia todos pudessem entender que Deus é um só nome verdadeiro. A escritura de todas as religiões trata de amor e compaixão. Precisamos colocar mais em prática os conhecimentos adquiridos. Não podemos ficar na teoria e na disputa para saber quem está certo ou quem é melhor. A verdade é única, embora falada em linguagens diferentes para cada povo. A origem de todas elas é a mesma. Todas, em sua origem mais pura, vieram da fonte de luz maior.

A fonte de luz

A fonte de luz guarda os segredos desta vida. Mesmo que não possamos vê-la, devemos sentir dentro de nós, em tudo e em todos. As portas e os caminhos são múltiplos, mas todos vão dar no mesmo lugar.

A fonte acolhe os que buscam a luz e a sabedoria, ampara, cura e guia. O destino maior sempre nos aponta para ela, mas, muitas vezes, em nossa estrada escura não conseguimos enxergá-la e, obscurecidos em nossas trevas, não vemos a verdade do amor e da bondade. Precisamos aprender a nos guiar em direção a essa luz, seguindo as pegadas de iluminados que já percorreram esse caminho e que podem nos conduzir rumo ao nosso objetivo final: o retorno para a mesma luz de onde viemos e fomos gerados, na plena consciência e expressão do potencial de nossa essência.

Somos filhos da luz

Vamos nos unir e revelar a luz em nossa essência. Vamos aceitar as mudanças que fazem parte de nosso processo de evolução, elevar nossas frequências e expandir a luz que está aprisionada em nossas células, coroar a jornada com os louros da vitória que somos capazes de atingir, deixar o egoísmo de lado, nossos egos, o medo e as sombras que nos paralisam, estender nossos limites e compreender o verdadeiro sentido de nossa trajetória. O trabalho é intenso e constante. Há muitos desafios, derrotas e vitórias para revelar o que viemos fazer aqui, para aprendermos a amar, para experimentarmos a vida sem julgamento, sendo uno com todos, sem restrição, aceitando-os como são, respeitando suas escolhas e compreendendo seu modo de ser.

Somos iguais em essência e filhos do mesmo Pai. As aparentes diferenças só existem como reflexo de nossas experiências, do aprendizado que cada um já exercitou, dos erros e acertos decorrentes de nossas escolhas, da etapa evolucionária de cada um de nós no mundo da ilusão.

A plenitude só se revela através do amor: só o amor constrói, só o amor abre todas as portas e apresenta as soluções aos nossos problemas. As bênçãos do amor trazem paz aos nossos corações, corpos e mentes. É tempo de expressarmos por meio de gestos, pensamentos e ações nossa essência divina e a grandeza de nossas almas, que querem revelar o amor de Deus entre os homens, derrubar barreiras físicas, emocionais e mentais que dividem raças, religiões e nações.

Vamos nos dar as mãos, reconhecendo no outro o nosso reflexo. Chega de competições e divisões. Vamos viver na luz que sabe compartilhar e tem a consciência de que o amor é ilimitado. Quanto mais doamos, mais recebemos.

Estamos destinados a sermos veículos da luz

Jesus Cristo dizia: "Crescei em graça e sabedoria, que tudo lhe será acrescentado". Jesus reconheceu a união e integração da luz dentro de si com a divindade e atingiu a consciência cósmica. Ele foi a encarnação do amor puro e incondicional de Deus e simbolizou a unificação da revelação divina.

A luz penetra em quem se preparou para recebê-la. Ela está disponível para todos os que começaram o trabalho espiritual consigo mesmos, que servem a humanidade, que têm amor no coração, compaixão, o intuito verdadeiro de fazer o bem a seus semelhantes, que conhecem a unidade sagrada, que têm disciplina, que são responsáveis por suas ações e estão capacitados a atuar como agentes conscientes da grande obra.

Todos estão destinados a serem veículos da luz. Alguns estão prontos, outros estão se preparando e outros ainda estão dormindo nas trevas de seus próprios pensamentos, emoções, ações e sentimentos negativos.

Temos de nos tornar transparentes e unidos com a luz em nós. Somente dessa maneira conseguimos atravessar as trevas e encontrar o divino. Com o coração puro, a mente aberta e a consciência desperta, encontramos a unidade sagrada e recebemos ensinamentos de mestres espirituais. Os santos são inspirados e guiados para criar suas obras de acordo com os princípios da sabedoria divina.

A matriz da luz oculta

Precisamos nos sentir de todas as maneiras e em todas as formas, perdendo-nos para em tudo nos encontrarmos. Com a pureza de motivo e sentimento, buscar o autoconhecimento, morrendo para o mundo, mas renascendo para a vida, desconstruindo a ilusão para construir a alma divina.

Somente o criador da vida é real. Dessa luz viemos e para ela voltaremos, mas ainda não somos a integridade dessa energia, somos parte dela. Estamos retornando como faíscas de fogo rumo à fonte de energia maior, a grande bola de fogo, pura energia, nossa origem e fim, onde tudo é.

O coração puro abre o caminho no processo de evolução espiritual. Ser puro é estar liberto das limitações da matéria, é ser consciente de nossa existência temporária no planeta, ouvir a verdade e o amor de nosso ser e o saber da eternidade de nosso espírito.

Quanto mais expandimos o amor de nosso coração, quanto mais doamos para nossos semelhantes, mais recebemos do universo e nos tornamos empáticos, magnéticos, antenas ambulantes que captam emoções sentidas pelos outros e verdades camufladas com máscaras. O dom de perceber e sentir nos é dado somente quando passamos pelos testes do universo, onde todas as ferramentas são fornecidas com o intuito de ajudarmos o próximo e nunca de prejudicá-los. Também precisamos aprender a lidar com mentiras sem desmascará-las. Não é fácil estarmos diante de alguém que pronuncia palavras que não condizem com a verdade. É um grande aprendizado lidar com essas situações, mas o tempo ensina que a verdade do coração manifestada através desse dom é para proteger e acreditar. O que sentimos é mais real do que aquilo que ouvimos.

Não existe uma só via para alcançar a realização divina

Há uma imensa variedade de caminhos conforme a multiplicidade de temperamentos humanos. O que é bom para uma pessoa pode não ser bom para outra. Com essa compreensão, devemos ser mais tolerantes com a forma de pensar e com o comportamento do outro, respeitar as diferenças, entender que cada um compreende a realidade de acordo com sua verdade interna. Cada um traça suas próprias experiências na estrada física e espiritual.

Devemos nos abrir para o novo, partilhar nossa vida com os demais, sem interesses, praticar a compaixão, a energia e alegria de viver sem julgar. O certo é certo para mim. Para o outro, meu errado pode ser certo ou meu certo pode ser errado, e a recíproca é verdadeira. Assim, todos estão certos em seus caminhos, aprendendo, tropeçando, caindo e se levantando. Não há nada de errado com o fruto verde – ele apenas não amadureceu.

O que é ter fé?

A fé é o poder da alma. É acreditar em nosso Cristo interior, no eu superior, no ser mais profundo. É alinhar a mente com a vontade da alma e ouvir no silêncio. É a semente de nossa essência, o que nos impulsiona à prática da vida espiritual. É a certeza intuída e não racionalizada, é acreditar no que não podemos ver com os olhos materiais. Também é a convicção em nossas escolhas, a confiança em nós mesmos e, através dessa confiança, a união com a força da criação, a entrega no propósito divino e deixar fluir a vontade do criador em nosso ser, fazendo que nossa vontade e a dele sejam uma só.

A fé depende muito mais de nossa pureza interior do que de formas religiosas externas, ela não pode ser quantificada. Por meio da fé podemos ter visões, revelações da verdade e da luz com o objetivo de servir a humanidade, manifestando o sutil na densidade da vida física, praticando e agindo conforme as leis espirituais adquiridas com nossa própria experiência.

Darma e carma

Muitas religiões e grupos espirituais falam sobre darma e carma. Qual é o significado dessas palavras? Qual é o conteúdo que querem nos transmitir?

Darma pode ser interpretado como a lei universal, a lei eterna, a vontade de Deus sobre a forma, o amor, a compaixão, a verdade do ser interno, a alma, o propósito de vida, o esforço ascético sobre si mesmo, bem como a ideia pura que emana do coração e se transforma em ação, fazendo aos outros o que gostaríamos que fizessem por nós. Para os budistas, darma é o caminho natural para a iluminação.

Tudo o que fizermos para o bem dos outros representará um crédito em nosso saldo espiritual, e tudo o que fizermos de mal resultará em uma dívida, que teremos de pagar com juros e correção monetária. A melhor de todas as opções é pagar adiantado para termos o merecimento de coisas boas em nossa vida. Se seguirmos esse caminho, sempre teremos crédito e as dificuldades serão superadas com mais facilidade, pois, sem explicações, pessoas e situações surgem em nosso caminho para nos ajudar.

Carma é a lei da ação e reação, causa e efeito. É o fruto de nossas próprias ações dentro da infinita justiça universal. Quanto mais carmas, mais presos ficamos a este plano físico, na roda de samsara, no ciclo de morte e nascimento. Quais são as consequências de nossas escolhas?

Quando atingimos um determinado nível e passamos pelas provas, direcionamo-nos para outro ciclo. Na física, quando um elétron muda de órbita, ele absorve um quantum de luz equivalente à diferença energética entre as duas órbitas, a antiga e a nova. Assim somos nós: precisamos de luz para ascender.

Os darmas nos ajudam a superar os carmas. O carma é denso e ajuda-nos a descer; o darma é sutil e ajuda-nos a subir. O cumprimento do darma, nosso dever natural, nos liberta de nosso carma.

Magia divina

O dom da arte mágica é consequência do bem que fazemos aos outros, do amor e da compaixão. Somente com mérito podemos participar desse processo e trabalhar no plano da vontade divina. Somos testados conforme a verdade e a bondade de nossos corações antes de sermos aprovados como servidores da grande obra. Se nosso objetivo for somente o poder terreno, podemos tê-lo, mas com certeza não estaremos dentro do poder invisível da bênção e da abundância espiritual.

Tudo acontece na dimensão interior antes da manifestação exterior. A magia divina reside exatamente aí. É a arte de ver por trás da aparência, de penetrar na causa e não na consequência dos fatos, de observar o movimento da força através da consciência, de contemplar a verdade através da pureza do coração.

Profecia

O que é profecia? Quem acredita em profecia? Jesus Cristo disse: "Eu vim para cumprir a profecia". Ou seja, muito do que foi narrado pelos profetas, antes de sua vinda, foi por ele cumprido. Profetas se comunicam com o divino e servem como guias para a humanidade, que vai decidir, com seu livre-arbítrio, se agirá de acordo com a vontade divina ou contra ela. Toda profecia está sujeita a mudanças, em razão do princípio da incerteza.

A luz de um mestre deve nos ajudar a despertar nossa própria luz, como uma vela que acende todas as outras velas, fazendo que cada qual manifeste seu potencial de iluminar e aquecer. Cabe a nós encontrarmos nosso ser crístico que habita em nossa essência, a perfeição de nós mesmos e a unificação consciente com a fonte, fazendo dessa experiência o impulso para a expansão de luz, servindo à humanidade rumo ao propósito divino.

Códigos: a linguagem de Deus

Todas as revelações profundas são feitas por meio de códigos. Todos os mais importantes textos, como a *Bíblia*, a *Torá* e escrituras sagradas das religiões antigas, são codificados. A sabedoria se autoprotege: nela só pode penetrar os que são puros de coração. As mensagens são codificadas com muitas camadas de consciência, energia e vibração, são códigos da comunicação multidimensional.

A matemática cósmica é muito mais dar do que receber. Quando doamos amor, somos ressarcidos de amor pela fonte. Quanto mais doamos, mais recebemos. Não podemos nunca dar pensando em receber da mesma pessoa para quem doamos, pois o universo nos retribui de inúmeras maneiras. O universo é organizado e perfeito, tem suas leis. A matemática e a geometria sagrada estão em tudo: na matéria, nas moléculas, nos átomos e em todos os sistemas mais ou menos complexos.

Sacrifício

O que é sacrifício? É um sofrimento? Uma perda? São inúmeras as respostas, dependendo do olhar interno de cada um, dos valores e significados que atribuímos. A palavra "sacrifício" vem de uma raiz que significa "tornar sagrado" ou "santificar", e conota purificação e consagração. Nesse sentido, o verdadeiro sacrifício é um ato de amor, de doação, de buscar o bem-estar coletivo e não somente individual, de vivenciar o passado, presente e futuro no mesmo momento, aqui e agora.

A palavra hebraica para sacrifício é *korban*, que significa "aproximar-se", especificamente aproximar-se do senhor, e conota um veículo de aproximação ou unificação com Deus, um domínio sobre nós mesmos, por meio do qual nos tornamos sagrados ou santos. Nesse caminho de volta à origem, devemos deixar as impurezas. Tudo o que não é amor deve ser abandonado. Todas as nossas emoções, pensamentos e ações que não nos conduzem à compaixão e inteligência divina devem ser libertados.

Devemos nos tornar instrumentos da obra e cocriadores rumo a nossa integração, deixando as limitações e abrindo espaço para o ilimitado e sagrado dentro de nós. Trocando algo menor por algo maior, deixando o açúcar de que tanto gostamos em benefício de algo mais saudável para um corpo estruturado e forte para receber a alta frequência.

Constante movimento e evolução: caminhamos para o desconhecido

O caminhante nunca está totalmente satisfeito porque tem consciência de que o trabalho é infinito. Sabe que tudo pode crescer mais e ser mais perfeito, que a dinâmica está sempre se renovando. Assim, ele tem a certeza de que sua parcial divina insatisfação interna o levará mais longe. Ele não se acomoda, não se entrega, tem fé e persistência. Sabe que existem vários outros degraus depois de conseguir escalar o próximo, mas precisa subir um de cada vez. Constantemente caminhamos para o desconhecido e devemos estar abertos e livres para o novo. Quando conseguirmos afastar o medo e analisar nossas ações e reações, conectando-nos com nosso ser superior, teremos percorrido meio caminho.

Temos um centro, uma essência, um ponto de equilíbrio que nos conecta com o universo. O centro do universo é como um espelho: conforme o que projetamos de nosso centro interno, recebemos. Quando não conseguimos encontrar nosso eixo interno, não estabelecemos a conexão de luz dessa linha que existe e nos liga. Não conseguimos sintonizar a frequência da vibração se não fizermos o trabalho individual para ajustar nossa frequência interna. Para que exista a conexão, nossa consciência deve se alinhar mais com o lado sutil e imaterial.

Quando mudamos nosso nível de compreensão e ajustamos o foco, tornamo-nos mais magnéticos e fortes. Sentimos o amor que brota de nossas entranhas, um amor sem explicação lógica, universal, um amor pela evolução, pela luz, por algo muito além do que nossa imaginação é capaz de captar. Temos de construir essa ponte, traçar essa linha, e o primeiro passo é estabelecer o eixo interno individual de cada ser.

Quanto mais ampla a consciência, maiores a visão e a transparência

Somos responsáveis por ser quem somos, cada ser é responsável por si e não pelos demais. Podemos servir aos outros, mas é a própria pessoa quem deve decidir ser quem é. Devemos ser externamente quem somos internamente. Ou seja, devemos ser transparentes com nós mesmos, refletindo nossa verdade e nossa luz para o mundo. Servimos de exemplo pelo que somos e podemos inspirar os outros a serem quem são, mas o processo de despertar é individual, nasce de dentro para fora.

Quanto mais nos conhecemos, maior o nosso poder de ver o outro internamente, de nos colocarmos no lugar dele, de sentirmos compaixão pelo ser humano. Todos nós trazemos a centelha divina – a única diferença é a consciência de cada ser.

O tempo não existe na eternidade. Não há pressa, e todos nós encontraremos o que conscientemente ou inconscientemente buscamos. O caminho que traçamos pode ser mais longo ou mais curto, mais plano ou mais íngreme, com mais dor ou mais amor, repleto de pessoas ou solitário. Nós escolhemos e traçamos nosso destino de acordo com nossa consciência. Quanto mais ampla a consciência, maior a visão; quanto mais amor e pureza no coração, menos véus, neblinas e ilusões fabricamos.

Precisamos perceber e sentir o mundo com o coração, onde está alojada nossa essência, e não com a mente, que tudo racionaliza com padrões externos e não internos. Nossas sementes brotam em nossos corações e voam para frutificar em nossos pensamentos e ações, multiplicando-se pelo mundo.

A loucura e a santidade

Dizem que a loucura e a santidade estão ligadas por uma linha tênue. Tanto o louco quanto o santo vivem em dois ou mais mundos ao mesmo tempo. A diferença é que o santo tem consciência e o louco ainda não. Aquele é dominado pelo divino, este é influenciado por sua própria mente e pela incompreensão dela. O santo e o louco moram no mesmo edifício, mas um está na cobertura e o outro, no porão. O santo se entrega, o louco se aprisiona. Tanto o santo quanto o louco sabem que não pertencem a este mundo físico, sabem que tudo o que parece real não é. Assim, sabem que loucos são, na verdade, os outros.

Os "loucos" não se encontram na normalidade porque têm o conhecimento de que a vida normal é um beco sem saída. Um ser humano ideal não pode ser entendido uma vez que foge dos padrões impostos, traça seu caminho pioneiro, desbrava camadas da consciência, ousa, transmuta a si próprio e é visto como louco pelo ignorante que não tem conhecimento de si e é regido por normas ditadas, não contestadas e vividas como a única verdade real. Se alguém o chamar de louco, é porque você está no caminho correto.

Espiritualidade e ciência

Não é ciência e religião, é ciência e espiritualidade. A religião tem muitos dogmas, a espiritualidade não. Deus, ou a fonte maior, não é um velhinho que está no céu, mas uma inteligência divina que está em tudo e em todos. É onipotente e onipresente, é amor, matemática e geometria sagrada além de nossa compreensão da terceira dimensão. Não podemos encontrar a fórmula do divino com conhecimentos do primário, mas devemos reconhecer que esse é o início do caminho para encontrarmos explicações muito mais profundas. Albert Einstein nos revelou algumas equações matemáticas que não conhecíamos. Ele buscava a matemática sagrada e o divino.

Tudo o que existe no mundo foi criado por meio de ideias que acessam um nível superior. Segundo a ciência, para descobrir o que há dentro de uma laranja sem abri-la, é necessário um impacto – talvez jogá-la na parede. Quanto maior o impacto, maior a descoberta. A ciência diz também que precisamos entender mais sobre o mundo para entendermos mais sobre nós mesmos. Creio que é exatamente nesse ponto que se encontra a maior distância entre a ciência e a espiritualidade.

Acredito que elas poderiam se complementar, que determinadas experiências místicas podem contribuir para o avanço de respostas da ciência, enquanto esta poderá provar determinados fenômenos ignorados e não compreendidos por meio de experiências espirituais humanas. Ciência e espiritualidade possuem versões fragmentadas da verdade universal, mas não buscam a harmonia.

O cientista fala sobre força e energia, o religioso, sobre Deus. Ambos se referem à mesma fonte, mas perdem muito tempo buscando provar erros uns dos outros e demonstrar a precisão e verdade de sua própria interpretação. Quando chegarmos a um denominador comum, encontraremos respostas para muitas questões sem soluções.

Capítulo 8

O autoconhecimento

Conhece-te a ti mesmo e conhecerás o universo e os deuses.
Sócrates

A verdade de nossa essência

O provérbio acima atribuído ao filósofo grego Sócrates, que viveu há mais de 2 400 anos, permanece atual e é uma boa síntese de nossa existência. Somente pelo autoconhecimento podemos saber quem somos e discernir a verdade de nossa essência. Quando isso acontece, descobrimos o quanto estamos conectados com o universo e com toda a criação. Por meio da introspecção chegamos à expansão, edificamos nosso templo interno e compreendemos o verdadeiro sentido da célebre frase: "Ninguém é mais do que si mesmo". Somos o que construímos a respeito de nós até atingirmos a sabedoria para percorrer o caminho de volta à origem, onde tudo é o que é: a essência.

O autoconhecimento é a chave para encontrarmos o caminho de volta. Muitos instrumentos são colocados em nosso caminho para nos auxiliar nesse processo. Cada instrumento pode nos ajudar a resolver uma pequena parte da questão, mas somos nós os responsáveis pela alquimia dos ingredientes na geração de nossa evolução. Esse resultado é único e instransferível. Quando chegamos à perfeição de nós mesmos, atingimos outro patamar, no qual cada um, com sua essência perfeita, irá compor uma nova partitura.

Nesse plano, aprendemos com a experiência da dualidade. Precisamos nos guiar pela luz que vem de cima para encontrar as respostas de nós mesmos, experimentar a roda da vida para nos transformarmos, vivenciarmos o caminho da matéria e, quando conseguirmos compreender a ilusão que esse percurso representa, nos darmos conta de que precisamos percorrer o caminho de volta. Nesse grande círculo, andamos em ambos os sentidos até encontrar a essência de nós mesmos que está no centro. A partir desse ponto de luz, seguimos um novo caminho e compreendemos a unidade do todo.

Quando equilibramos nossas habilidades mentais, emocionais e físicas, tornando-nos mais autoconscientes, integrados e disciplinados, refinamo-nos, purificamo-nos, alcançando a sublimação e transmutação para um novo nível de percepção. É nesse momento que nossa intuição aflora e nossa visão contempla uma nova realidade acima das aparências da matéria. É possível ver com os olhos do coração o que está além da razão.

O individualismo, a competição, o medo e a cobiça devem se transformar em confiança, cooperação, consciência grupal e altruísmo. Os indivíduos devem superar sua individualidade e egoísmo para o bem maior do grupo. As vaidades devem ser deixadas de lado e os egos, dominados pelo lado superior de cada ser. Na realidade, não importa qual é sua função dentro do todo, pois todos são importantes para a conclusão da tarefa grupal. Nesse sentido, o gari é tão importante quanto o presidente, pois realiza uma tarefa que o outro não tem habilidade para desempenhar. Não importa qual é sua função externa, o que realmente importa é sua atitude interna – como realiza sua tarefa, como ajuda no processo dos outros, como se sacrifica por um objetivo maior.

À medida que realizamos nossa tarefa, usando nossa natureza com um coração compreensivo, mente alerta e mãos hábeis, vamos tirando os véus de nossa alma. Nessa jornada do autoconhecimento, lapidamo-nos e fazemos que, cada vez mais, nossa personalidade expresse os valores de nossa alma com liberdade. No mar da vida, remamos contra a maré e as ilusões da matéria. Somos dotados de poder divino, mas ainda não sabemos como utilizá-lo. Nem sempre somos bem-sucedidos porque muitas vezes fracassamos, mas isso também faz parte do aprendizado.

Expressão da alma

A palavra "alma" vem do latim *anima*, que significa "sopro" ou "vida". É o que nos anima, é nossa energia vital, nossa origem, a essência que nos conecta com o universo. Em grego, a mesma palavra se diz *psukhê*, origem de "psique" e "psíquico", simbolizando o conjunto dos processos nos quais se estabelece a unidade pessoal, o indivíduo.

As almas são raios individualizados do espírito puro. Elas seguem as leis universais e não as leis dos homens. Inspiram-nos no exercício correto do livre-arbítrio, seguindo nossa verdade interior, buscam o crescimento nos conduzindo no caminho da perfeição, buscam o retorno para a fonte e nos dirigem no sentido contrário das massas, no caminho de nosso "eu" mais profundo.

Precisamos fazer que nossa personalidade expresse nossa alma, ou seja, que nossa vontade seja a expressão pura de nossa alma. Dessa forma, estaremos alinhando quem realmente somos e o que manifestamos. A alma passa a ser cúmplice e parceira do ego, e não antagonista, trabalhando em união para que a personalidade possa expressar seus fins divinos.

Temos muitos conflitos internos porque nossa alma muitas vezes nos leva na direção contrária dos valores deste mundo. Um dos segredos é transcender essas ilusões e valores que realmente não são de nossa alma e espírito. Muitas vezes temos que desobedecer às leis terrenas, rompendo com padrões e transgredindo para nos alinharmos com nossa alma. Precisamos ter coragem e determinação para transpor barreiras, surpreendendo a nós mesmos e desbravando caminhos não trilhados pelos demais, tendo a ousadia de nos expor e assumir o comando de nossa história, ser os heróis de nossa criação.

A partir do momento em que adquirimos essa consciência, passamos por um processo de metamorfose em que nunca mais seremos o que éramos, mas ainda não somos o que seremos. Simplesmente somos aqui e agora e temos de enfrentar grandes desafios, desapegando-nos do passado e de tudo o que não nos serve mais.

Nossa missão é expressar a divindade de nossa alma

O que devemos fazer para encontrar o caminho de retorno à nossa essência? Se nossa missão é expressar nossa alma, precisamos descobrir quem é ela e quem somos por trás das máscaras e da ilusão do mundo físico. Precisamos nos conhecer e nos experimentar. Esta é nossa verdadeira jornada: a busca de quem somos.

Conhecer a si mesmo é buscar as informações dentro de si. Algumas chaves podem ser encontradas no plano externo, mas a porta é interna. Somos os únicos que podemos desvendar o mistério de nós mesmos. Os caminhos são únicos e exclusivos. Nossa mente racional e abstrata, juntamente com nossas emoções, traçam trajetórias e experiências para o retorno à nossa essência, à origem e à perfeição divina. O potencial está em nós mesmos – só precisamos despertá-lo com amor e externá-lo.

Não podemos nos contentar com a superfície das coisas. Precisamos penetrar e absorver a essência, trilhando nossa jornada. A busca da alma é o caminho do autoconhecimento para a realização do ser que é libertação, plenitude, sublimação de si, consagração com o divino.

Descobrimos nossa alma à medida que começamos a cumprir nossas tarefas. Podemos dizer que temos uma escada diante de nós: no primeiro degrau não enxergamos aquilo que vemos quando alcançamos o quinto degrau. A paisagem se descortina conforme escalamos. Não dá para pular alguns degraus para alcançar outros mais altos, pois, como não conquistamos o conhecimento das etapas anteriores, ao tentarmos pular, é grande o risco de cairmos abaixo do degrau em que estávamos. Podemos, no entanto, carregar os novos conhecimentos adquiridos. Assim, nunca iniciaremos do zero. Há sempre um acúmulo de experiências emocionais, mentais e vivenciais. Como uma criança que está no primário pode acompanhar o ensino universitário? É necessário subir a escada degrau a degrau.

A busca do conhecimento e da sabedoria deve ocupar nosso tempo. Devemos fazer uma jornada interna e reavaliar nosso propósito de vida, nossos reais valores, entender como expressamos o melhor que somos, quanto aprendemos com nossos acertos e erros, quanto buscamos a evolução e transmutação de nosso ser, quanto somos fragmentados, como sentimos e percebemos o mundo e nós mesmos, a maneira que interagimos e nos relacionamos com outras pessoas, como fazemos a diferença, quanto compartilhamos, quanto amamos e como expandimos nossa consciência rumo a uma integração pessoal baseada em valores de união universal.

A verdade da alma liberta

Um dos grandes objetivos da vida é nosso processo de autoconhecimento. A verdade da alma não se enquadra na verdade das leis criadas pelo homem – vai muito além. Palavras pronunciadas por Jesus foram muitas vezes interpretadas de maneira contraditória pela Igreja Católica em função de interesses materiais e políticos. As palavras de Buda são profundas, mas também foram muitas vezes mal interpretadas.

Precisamos chegar à origem, ter o profundo sentimento de amor incondicional, deixar que lágrimas de emoção corram para despertar nosso "sentir". Sim, nosso sétimo sentido, o sentir, se desperta dessa maneira. Só assim poderemos entender a verdade interior e universal, que é diferente da verdade limitada dos homens regidos pelas leis da matéria.

Somos alma passando por uma experiência na matéria, usamos o corpo como um uniforme. Nascemos muito conectados com nossa origem espiritual. No decorrer da vida, vamo-nos desconectando das leis espirituais e nos deixamos envolver e até passamos a acreditar quase totalmente nas leis criadas pelos homens. Mas não podemos esquecer nossa essência e deixar nos envolver pela ilusão do que vivemos aqui. Somos muito mais do que esta experiência na Terra.

Vivemos em dimensões paralelas. A grande figura geométrica é formada por pequenas figuras geométricas que se sobrepõem dentro dela. Podemos e devemos viver essas realidades diferentes, mas complementares e fundamentais para nosso encontro com a origem, com nosso autoconhecimento. Somente nos permitindo ter essas experiências é que poderemos transcender.

A verdade tem infinitos aspectos e está em nós. Toda força e toda sabedoria habitam em nós. Precisamos aprender a amar e a servir para despertar esses dons.

Descobrindo a verdade interior

A natureza do pássaro é voar, a da cobra é rastejar. Há serpentes voadoras e pássaros com asas quebradas que quase rastejam, mas essa não é a natureza deles, ou seja, não é o estado natural em que se sentem plenos e exercendo sua função. Precisamos descobrir qual é nossa natureza, encontrar nossa verdade interior e exercer plenamente nossa missão.

Uma pessoa que nasce com a liberdade em suas entranhas não pode ser amestrada, pois sua natureza é voar. Seu espetáculo de vida se realiza entre o bater de uma asa e outra no espaço rumo ao céu. Outra pessoa com um espírito menos livre gosta de controlar e ser controlada, pois sua natureza naquele momento é mais codependente e se realiza por meio de prisões autoimpostas.

E você, qual é sua natureza? Qual é sua essência? Quanto você se conhece? Identifica-se com os personagens que representa ou já se tornou algum deles? O que tem atrás de sua máscara de carnaval? Quem é o ser que habita seu coração? Quem é o ser que domina sua mente?

A jornada do autoconhecimento

O processo de autoconhecimento consiste em percorrer o caminho voltado para dentro de nós mesmos. Nossa alma se revela conforme executamos nossas tarefas e desempenhamos nossas missões. Quanto mais ampliamos a consciência e buscamos conhecer a nós próprios e o mundo através de nossa visão superior, não identificada com a forma da vida material, mais nos libertamos da ilusão exterior para focarmos na vida interior, harmonizando nosso ser e entendendo que todas as transformações, problemas e crises são etapas do processo de aprendizado e superação para vivermos a próxima etapa de nós mesmos.

O maior mestre para nos ajudar nesse processo está dentro de nós. É nossa consciência superior, que se revela em sonhos, meditações, intuição, visões internas e na sincronicidade que nos guia para onde devemos nos conduzir com uma visão mais ampla de longo prazo, objetivando o crescimento do ser e não do ter. É fundamental estarmos atentos aos sinais que surgem conforme desenhamos nosso mapa pessoal. Devemos desenvolver a visão para enxergar de ângulos diferentes uma mesma realidade, interconectando fatos, sentimentos, emoções e ações em realidades paralelas que se complementam. O discernimento é primordial no processo. Devemos enxergar mais com o coração e com a mente abstrata do que com a mente concreta, que tudo racionaliza.

Precisamos nos preparar para quando os portais das oportunidades se abrirem. Os mestres ou instrutores externos ou internos só aparecem quando o discípulo está pronto.

Hércules e a jornada do autoconhecimento

A mitologia envolvendo os 12 trabalhos de Hércules é um grande exemplo da jornada do autoconhecimento. O herói grego é um personagem complexo. Em um momento de fúria provocada pela deusa Hera, Hércules matou sua mulher e os três filhos. Como forma de penitência, Hércules ouviu do Oráculo de Delfos que deveria realizar uma série de tarefas, ao final das quais se tornaria imortal. Ao executar seus trabalhos, Hércules buscava integrar todas as partes, que seriam unidas ou integradas ao cosmos. Integrar as partes a um todo, transformar-se em um elemento de auxílio a um plano evolutivo é um grande trabalho da hierarquia de seres superconscientes, que vivem para manifestar o bem. Somos apenas uma das ramificações desse ser maior.

Em seu primeiro trabalho, por exemplo, o herói foi convocado a caçar algumas éguas ferozes e malfeitoras para libertar as terras e aqueles que nelas viviam. Ele cumpriu bem a tarefa com a ajuda de um jovem amigo. Ao final da saga, Hércules tinha de levar os animais capturados para outra terra. Como achou que essa tarefa seria fácil, encarregou seu amigo de concluir o trabalho. No entanto, o amigo de Hércules não tinha a mesma força do herói e acabou sendo morto pelos animais ferozes.

Hércules entendeu então que ele mesmo deveria ter finalizado sua missão. Ele sentiu a perda do amigo, mas tinha de seguir em frente. O herói refletiu sobre o trabalho e se tornou uma alma perceptiva, o que o ajudou a desenvolver uma série de outros potenciais. Com isso, ele reorientou-se e elevou-se do estágio de consciência humana para um patamar superior.

Não podemos nos iludir de que o trabalho está pronto. Não podemos nos superestimar, nos sentir importantes demais para realizar atividades corriqueiras. Hércules deixou o amigo desempenhar a atividade final, para a qual este não estava preparado.

Esse e outros trabalhos de Hércules, em suma, chamam atenção para a necessidade de nos autoconhecermos e buscarmos nossa evolução.

A intuição e a razão

Para o filósofo alemão Arthur Schopenhauer, a intuição é mais forte que a razão. Atribui-se a ele o trecho: "Devemos sempre dominar a nossa impressão perante o que é presente e intuitivo. Tal impressão, comparada ao mero pensamento e ao mero conhecimento, é incomparavelmente mais forte, não devido à sua matéria e ao seu conteúdo, amiúde bastante limitados, mas à sua forma, ou seja, à sua clareza e ao seu imediatismo, que penetram na mente e perturbam a sua tranquilidade ou atrapalham os seus propósitos, pois o que é presente e intuitivo, enquanto facilmente apreensível pelo olhar, faz efeito sempre de um só golpe e com todo o seu vigor. Ao contrário, pensamentos e razões requerem tempo e tranquilidade para serem meditados parte por parte, logo, não se pode tê-los a todo o momento e integralmente diante de nós".

A intuição nada mais é do que o reconhecimento instantâneo da verdade por trás da aparência, a qual muitas vezes nos remete ao oposto da verdade apresentada. É fundamental aprendermos a ver com os olhos do coração, transmutando o instinto em intuição. A intuição é a ampliação da consciência e a percepção de uma nova visão além dos véus da matéria. É ela quem nos abre a porta da realidade espiritual que está acima da razão de nossa mente concreta.

A razão precisa morrer para a sabedoria nascer. Antes dessa libertação só existe o conhecimento. O conhecimento é uma verdade parcial e distorcida. Somente a visão divina enxerga o espírito. "O conhecimento é uma criança cega pelas suas conquistas, ela vaga pelas ruas gritando; a sabedoria esconde o poder de seu esclarecimento em silêncio inteligente e poderoso", diz o filósofo indiano Sri Aurobindo.

A razão e o conhecimento nos levam até um determinado ponto. Somente quando a sabedoria assume é que temos a experiência da alma, a consciência do ser e de Deus. A intuição do que está além de nossas percepções mentais e sensoriais comuns é chamada pela ciência de alucinação, porém o sobrenatural é somente aquilo que ainda não foi compreendido. A revelação é a experiência direta da alma com Deus. É somente com a intuição que podemos perceber a verdadeira natureza de uma força.

Conseguimos transmutar a razão em intuição ou uni-las?

Será que conseguimos transpor a realidade do mundo material para viver o que somos e no que acreditamos? É possível equilibrar o masculino e o feminino, a razão e a intuição? Gandhi dizia: "Seja a mudança que você quer ver no mundo". Vamos ser o amor, a força do poder e justiça que queremos ver no mundo. Temos a fórmula mágica. Amor sem poder não transforma, e o poder sem amor é guerra. Somos a mudança maior que queremos ver no mundo. Vamos atuar para gerar mais amor, poder e transformação com luz.

Em outras palavras, sejamos uns para os outros presença, palavra e ação. Não deixemos um espaço no vácuo de nós mesmos. Estamos ligados por um fio dourado que nos conecta para além do ser no sentido vertical da cruz e não no horizontal. Somos mais espírito do que matéria. Somos o resultado de nossas criações e experiências, o produto de nossos sonhos, o que de melhor podemos ser.

Quando racionalizamos demais, podemos deixar de vivenciar o mais sublime que existe em tudo. A vida não é lógica ou racional. Você tem certeza de que estará vivo daqui a uma hora?

Técnicas que ajudam no processo do autoconhecimento

O caminho da integridade pode ser percorrido com a ajuda de muitos métodos para atingir o objetivo de um ser por inteiro. Temos muitos caminhos independentes e complementares. Quando decidimos seguir vários deles simultaneamente, o progresso pode ser maior e em menor tempo. Podemos citar alguns caminhos, como a prática do amor, meditação, silêncio, perdão, solidão, oração, respiração, ioga, não violência, altruísmo, compaixão, disciplina, tantra, geometria sagrada, contemplação, devoção e outros. Cada pessoa precisa escolher suas próprias técnicas e traçar seu caminho.

Quero somente fazer uma observação em relação à meditação e à oração. Na meditação, ouvimos Deus; na oração, falamos com Deus. Na meditação, escutamos nossa voz interior e a verdade falada por Deus, elevando nossa consciência para um nível de vibração superior, para uma consciência cósmica e para a autorrealização; na oração, Deus é externo, está acima e fora de nós. Podemos usar a técnica com a qual mais nos identificamos, mas, para quem nunca experimentou a meditação e o silêncio interior, sugiro que os tente. Podemos também unir as duas práticas e nos beneficiar com ambas.

As técnicas para ajudar no processo de autoconhecimento são muitas e não é o objetivo deste livro entrar em detalhes sobre cada uma delas. Nos próximos capítulos, menciono sobre meditação, sonhos e geometria sagrada. Saliento o valor fundamental das viagens internas. Ao longo do livro, falo também sobre a importância prática do amor, do perdão, da compaixão, da ação altruísta e da não violência.

A prática de ioga também é um caminho muito profundo. Como não abordei esse tema em outros capítulos, farei uma pequena síntese a seguir.

Ioga

A palavra "ioga" significa unir, reunir. Ela expressa a unidade indissolúvel, a identidade completa entre a alma individual e o *si* (*self*) universal. Essa união potencial deve ser realizada, implicando a unificação de diferentes elementos. A ioga envolve um conjunto de meios que, colocados em ação, atingem a união. É a capacidade de suspender os mecanismos automatizados, as flutuações e os turbilhões do psiquismo para estabelecer o contemplador em sua própria natureza, ou seja, em um estado de pura consciência.

Viver o sagrado no dia a dia para nos tornarmos mais conscientes e puros é uma atitude que só depende de nós, é um estado interior. Temos de transcender o mental individual e penetrar no mental cósmico. Os iogues dizem: "Como um grão de sal lançado na água, que se mistura e se faz um com a água, ocorre uma similar unificação do mental e do *si*. Como a água despejada na água, os dois não se distinguem mais". Nessa contemplação não há dualidade, e sim união. É uma luz que penetra a luz.

Capítulo 9

Viagens espirituais ao redor do mundo

Lugar sagrado é onde a eternidade brilha ao longo do tempo.
Joseph Campbell

O chamado à aventura

Há quem diga que devemos visitar pelo menos um lugar diferente por ano. Eu diria que, se criarmos as oportunidades, devemos visitar muitos lugares diferentes no decorrer da vida porque é um excelente portal de abertura para aceitarmos o outro como ele é e entendermos melhor quem somos. Todo lugar e todas as pessoas nos conduzem para algo além de nós mesmos. Levam-nos a fragmentos esquecidos dentro de nós, despertando um eu mais completo e íntegro.

Se tudo o que levamos são nossas experiências, vamos ousar em nossas viagens, escolher destinos onde possamos virar nossos conceitos de cabeça para baixo, encontrar pessoas que pensem e vivam diferentemente de nós, que se vistam de outra maneira, tenham outros costumes e religiões. Vamos tentar, por alguns dias, nos colocar no lugar desses personagens e interpretar uma nova história de nós mesmos – ver o mundo de um novo ângulo, sem julgamentos ou preconceitos.

A vida é uma grande viagem

Sempre encarei a vida como uma grande viagem. As viagens espirituais, aquelas que nos levam a lugares sagrados, onde nossa alma imediatamente se conecta em outra dimensão, proporcionam grandes avanços no processo de autoconhecimento. Nas viagens lidamos com o desconhecido, com aventuras e com imprevistos. Vivemos intensamente aqui e agora. Saímos da zona de conforto da rotina. Expandimos a consciência para o novo, descascamos os gomos de nossa laranja pessoal e vamos ao centro do eu interno.

Toda viagem se inicia com um sonho. Escolhemos o destino e programamos o que queremos ver e vivenciar, mas devemos estar receptivos para o que a vida nos apresentar. Algumas vezes surgem imprevistos durante a viagem e precisamos nos adaptar, seja porque o voo atrasou, seja porque gostamos tanto de uma cidade que resolvemos nos estender nela por mais alguns dias. Devemos ter flexibilidade e nos adaptar da melhor forma possível para aproveitar com alegria e amor as aventuras de nossa jornada.

Cidadã do mundo

Considero-me uma cidadã do mundo, uma vez que já percorri os quatro continentes. Visitei mais de 180 cidades em mais de 40 países ao redor do mundo. Neste livro, descrevo apenas os lugares com significados espirituais que proporcionaram um encontro comigo mesma e, acima de tudo, que me ofereceram os maiores aprendizados filosóficos e religiosos.

Acredito que todos nós somos cidadãos do mundo. Não pertencemos a um lugar – somos de todos os lugares, temos o universo dentro de nós e, ao mesmo tempo, somos uma célula dele. Sinto-me em casa em todos os países que visito, é como encontrar uma parte de mim em cada local. Sinto-me bem recebida pelas pessoas, faço amizades facilmente e as portas se abrem.

Viagens são momentos mágicos que ficam gravados na alma por toda a eternidade. Em minha opinião é o melhor investimento, e ninguém pode roubá-lo. As experiências vividas ficam gravadas no pequeno *chip* de memória que levamos desta vida.

Viagem para Israel

A primeira viagem que fiz com um significado espiritual foi para Israel, aos 20 anos. Fui para a Europa com um amigo que, antes, passaria um tempo num kibutz em Israel. Somente quando chegamos a Israel é que ficamos sabendo que fomos designados para o Shefayn, kibutz que fica entre Tel Aviv e Netania.

Ao chegar ao aeroporto, fiquei assustada com tanta inspeção e controle. Todas as malas foram abertas e checadas. Ao pegarmos o ônibus, nunca tinha visto tantas pessoas armadas. Meu amigo me explicou que todos estavam daquela forma para nos proteger, ou seja, era uma medida de segurança nacional. Aos poucos, adaptei-me à situação e passei, de fato, a me sentir segura.

Ao chegarmos ao kibutz, fui alocada em um quarto com uma escocesa, enquanto meu amigo ficou em outro quarto, com um rapaz alemão. Não demorei a fazer amizade com minha colega de quarto e com os demais voluntários. Éramos cerca de vinte jovens de vários países, como Inglaterra, Escócia, Dinamarca, Alemanha, Estados Unidos, África do Sul e Austrália. Achei muito importante a oportunidade de conviver com jovens das mais diversas partes do mundo e praticar meu inglês.

A princípio, pretendia ficar em Israel por uns dez dias, mas acabei ficando três meses! Nesse período, trabalhei no bar do hotel instalado na área do kibutz. Trabalhei também na clínica que atendia idosos que haviam servido nas guerras. Ajudei no jardim e colhi laranjas. Trabalhava em torno de quatro horas por dia e não precisava pagar por moradia, comida e roupa lavada. Tínhamos tempo para curtir com os demais jovens. Adorávamos fazer fogueira na praia, e tudo era motivo de festa.

Em Israel aprendi e vivi o judaísmo e a cabala. Pude mergulhar também no cristianismo, no islamismo, no protestantismo e em todo o rico universo da Cidade Velha de Jerusalém, onde encontramos judeus, cristãos, muçulmanos e os mais diversos povos vivendo juntos em uma cidade sagrada para todos.

A lição mais importante que aprendi em Israel é que devemos celebrar a vida todos os dias, pois nunca sabemos até quando iremos viver. No kibutz os israelenses viviam com esse pensamento por já terem passado por muitas guerras e terem perdido pessoas amadas. Eles aprenderam a viver intensamente o dia de hoje.

Aprendi também a ser menos consumista, pois percebi que poderia viver feliz por meses apenas com uma pequena mala e pouco dinheiro. Aprendi a trabalhar em equipe, com cada grupo dedicando uma parte do dia em prol de todos e, no final, todos usufruíam do trabalho dos outros, em grande harmonia.

Viagem para o Egito

Minha viagem se iniciou na cidade de Dahab, localizada no deserto do Sinai e banhada pelo Mar Vermelho, com uma beleza e riqueza submarina fenomenal. Em meu primeiro dia no Egito, tive uma febre de 40 graus e alucinações. Achei que iria ficar por lá! Mergulhei no Mar Vermelho sem roupa especial e me machuquei em um coral, mas na hora não associei a febre a esse incidente.

Depois segui viagem rumo ao Cairo. Andei de camelo ao lado das pirâmides de Gizé e da Esfinge, mas não entrei nelas nesse dia, pois iria retornar ao Cairo depois de percorrer as cidades de Aswan, Abu Simbel, Edfu, Luxor e Karnak, navegar pelo rio Nilo e contemplar o magnífico nascer e pôr do sol no deserto por vários dias.

Durante toda a viagem agradecia a Deus pela oportunidade de estar visitando lugares fantásticos com tão pouca idade – a maioria dos turistas que visitavam as pirâmides eram pessoas de idade com dificuldade para se locomover. Eu estava criando aquele inesquecível e mágico momento mais no início do que no fim de minha passagem pela Terra – andando de bicicleta pelo Vale dos Reis, subindo montanhas, descendo as estreitas e grandes escadas das pirâmides, contemplando o sol no deserto, tudo com muita energia.

A lição mais importante que aprendi nessa viagem foi que, para voar como as águias, precisamos nos arriscar por penhascos desconhecidos e céus turbulentos. Se nos recusarmos a alçar voos mais longos, limitamo-nos aos confins da existência, aos espaços já ocupados pelos demais. Grandes conquistas requerem grandes esforços, determinação e coragem.

Viagem para a Grécia

Na Grécia visitei Atenas, Creta, Santorini, Naxos, Paros e Delfos. Deparei-me com a mitologia, assunto de meu grande interesse. Pude percorrer cidades mitológicas como Cnossos, visitar o oráculo em Delfos e ver o lugar sagrado onde a pitonisa profetizava. Deslumbrei-me com muitas paisagens mencionadas em um dos meus livros prediletos, *O poder do mito*, obra que apresenta conversas entre o americano Joseph Campbell, estudioso de mitologia e religiões, e Bill Moyers.

A lição mais importante nessa viagem é que eu me sentia completa e segura comigo mesma, e também livre, independente e autoconfiante. Tinha apenas 21 anos e estava em um país distante, mas não me sentia sozinha porque gostava de minha própria companhia. Aprendi que o jeito mais seguro de viajar sozinha era acordar cedo, aproveitar bastante a luz do dia e voltar para o hotel no início da noite.

Viagem para o Japão

No Japão, interessei-me pela beleza, organização, estrutura, educação, respeito, disciplina, harmonia, a união do antigo com o novo e a preservação da natureza ao lado da máxima tecnologia. Tudo elaborado com muito cuidado e perfeição. Amei visitar em Kioto os templos budistas e os santuários xintoístas.

Em minha segunda viagem ao Japão, tive a grande sorte de chegar ao Kinkakuji, ou Pavilhão Dourado, no fim da tarde e assistir ao pôr do sol refletindo-se no templo e na água. Um espetáculo mágico, exuberante e inesquecível!

Também tive uma experiência marcante no templo Todaiji, na cidade de Nara. Visitei o local durante o dia e, quando estava indo embora, vi muitas pessoas chegando para a famosa "Celebração do Fogo", realizada uma vez por ano no templo. Acabei participando do iluminado evento, uma das mais lindas cerimônias religiosas que pude presenciar.

Na cidade de Atami, visitei o "Solo Sagrado" da Igreja Messiânica que Meishu-Sama idealizou e concretizou no alto de uma montanha, com uma linda vista para o mar. A beleza do local é extasiante. O Palácio de Cristal é deslumbrante. A paz, infinita! Nesse local visitei o Museu de Arte MOA. Para chegarmos ali, subimos escadas rolantes iluminadas e tecnológicas que nos remetem a outra dimensão. Os jardins são bem cuidados, com lindas flores e muito bambu, representando a flexibilidade que devemos ter para nos adaptar e viver bem em qualquer situação.

A tecnologia surpreende por todos os lados que andamos. A moderna cidade de Kobe foi totalmente reconstruída após o terremoto de 1986. Muitos prédios nesse local foram erguidos sobre a água do mar.

No passeio de barco em Osaka, o teto abaixa automaticamente para passarmos embaixo das pontes. As torres, os edifícios, o trem-bala... Enfim, tudo! Nas grandes cidades, parece que estamos vivendo o futuro, com tudo o que existe de mais moderno.

A cidade de Hiroshima é uma lembrança triste da capacidade de destruição de uma bomba atômica.

A lição que aprendi no Japão é que é possível um país ter o máximo da tecnologia e organização, mantendo sua tradição, cultura e valores. Também aprendi mais sobre o budismo e a Igreja Messiânica.

Viagem para a China

Na China, adorei conhecer a cidade antiga de Xian. Sem me programar, cheguei à cidade exatamente na passagem do ano-novo chinês. Da janela do quarto, assisti a um exuberante espetáculo de fogos. Xian é uma cidade antiga de 3 000 anos que serviu como capital de onze dinastias e se destaca por ter sido o ponto de partida da famosa Rota da Seda.

Fiz uma emocionante visita ao templo budista Pagode do Grande Ganso Selvagem. Logo ao chegar, deparei-me com os monges fazendo o ritual do ano-novo chinês. Eles se reúnem em prece nesse local pouquíssimas vezes ao ano. Queimei incensos em um enorme incensário, agradeci, pedi proteção e bênção ao ser superior. Senti uma energia e emoção muito forte no local.

Visitei também o famoso museu dos Guerreiros de Terracota, que possui mais de seis mil esculturas em tamanho natural de guerreiros, carruagens e cavalos de bronze. Todas foram produzidas para proteger a tumba do imperador Qin. Dizem que esse imperador foi muito mal e há suspeitas de que ele tenha mandado matar todos os homens que trabalharam na produção das figuras. Ele não queria que ninguém soubesse onde seria enterrado. Até hoje seu corpo, ou seus ossos, não foi encontrado.

Em Shangai visitei o famoso Templo do Buda de Jade. Vi o segundo maior Buda de Jade do mundo (o primeiro fica na Tailândia). Fiquei surpresa ao saber que a maioria dos chineses que mora nas grandes cidades é ateia. O budismo é mais praticado no interior.

É visível a influência da Índia em alguns templos chineses – muitas figuras lembram os deuses do hinduísmo. Adorei contemplar o lindo jardim Yuyuan e visitar a charmosa Suzhou, a "Veneza Oriental", uma antiga cidade próxima a Shangai. Fiz um lindo passeio de gôndola! Os moradores são idosos, pois os mais jovens deixam o local em busca de trabalho.

Em Pequim, gostei de conhecer a Praça da Paz Celestial, ou Tiananmen, uma das maiores do mundo. Adorei visitar o famoso Palácio Imperial, conhecido como a Cidade Proibida, um lugar cercado por muros e com muitas praças, portões, sala de coroação, sala de banquete, sala de reuniões e muitos espaços. A cidade era proibida para o povo porque lá morava o imperador, sua esposa, concubinas, eunucos e outros serviçais.

Visitei também o Palácio de Verão, casa de veraneio dos imperadores da dinastia Qing. O palácio estava todo coberto de neve! No lago congelado as pessoas patinavam. Além disso, a Muralha da China é uma grandiosa obra arquitetônica, e gostei de conhecê-la.

Depois da China, fui para Hong Kong e amei conhecer um lindo templo taoísta em frente ao mar, construído pelos pescadores e financiado por empreendedores. Toda noite em Hong Kong há um lindo espetáculo a laser. É maravilhoso ver os edifícios iluminados e os raios de luz no céu.

Na China aprendi sobre o grande poder de realização dos chineses, a determinação, a persistência, a perseverança e as relações estabelecidas na confiança. Quando um amigo nos apresenta para outro amigo ou parceiro de negócio, subentende-se que a pessoa é confiável, caso contrário, não teria nos apresentado. Na China nos deparamos com a cultura antiga e construções ultramodernas – é como encontrar o passado e o futuro no momento presente.

Primeira viagem para a Índia

A Índia é um país de muitos contrastes. De um lado, a extrema exuberância na arquitetura de palácios e templos, de outro, a imensa pobreza. O que mais me atrai nesse país é sua espiritualidade. Por isso, fui para lá três vezes. Tenho uma enorme ligação com Shiva e iniciei minha primeira viagem pela cidade de Udaipur. Por coincidência, no dia seguinte era o feriado de Mahashivaratri, ou Maha Shiva Ratri, a "Grande Noite de Shiva", uma das datas mais sagradas dos hindus. Nesse dia, fui visitar muitos templos de Shiva decorados com flores por todos os caminhos. As ruas eram tapetes de flores, cores e aromas. Emocionei-me muito! Parecia um sonho e, ao mesmo tempo, me sentia em casa.

Vale lembrar que o shivaísmo é a mais antiga forma de religião dos hindus e influenciou as tradições religiosas sumérias, cretenses, egípcias, gregas, romanas, indochinesas e indonésias. Shiva é o destruidor, mas, ao mesmo tempo, o regenerador do mundo. Ele distribui a morte, mas também o renascimento.

Próximo a Udaipur, visitei o complexo de Sas Bahu e o templo de Vaishnaya, onde encontramos imagens de Shiva por toda parte. Há representações das oito encarnações e, de acordo com os devotos, a nona e última está por vir. Ainda em Udaipur visitei o lindo Queen's Garden. Antigamente, esses jardins eram frequentados só por mulheres. Fui também ao palácio da Maharana Mewar Charitable Foundation, jantei no Sunset Terrace, em frente ao Lake Palace, ao som de uma linda música indiana tocada ao vivo, e fiz uma deliciosa massagem indiana no Shib Niwas Palace, onde estava hospedada.

Segui viagem rumo a Jaipur, a cidade cor-de-rosa, capital do Rajastão. Fiquei hospedada no Jaimahal Palace, um local com muitos jardins e de uma beleza extasiante. A contemplação da natureza é extremamente relaxante, alimenta o espírito. Em Jaipur, visitei o observatório fundado pelo marajá Jaisinch, um príncipe e astrônomo que projetou e fundou a cidade, em 1727. É impressionante o conhecimento astronômico e astrológico na história dos indianos. Conheci o palácio de Maharaja Swai Man Singh, andei de elefante pela cidade e assisti a um belo espetáculo de dança indiana no hotel.

Em uma aventura de quatro horas de carro, a loucura se iniciou na estrada rumo a Agra: muitos animais, carros velhos, bicicletas, tudo junto com uma única pista para ir e outra para voltar! Parei na cidade-fantasma de Fatehpur Sikri, construída pelo imperador Akbar, em 1569, para servir de capital e que se localiza a 22 quilômetros de Agra. A cidade foi abandonada vinte anos após sua construção, devido à escassez de água. O imperador Akbar casou-se três vezes. A primeira esposa era muçulmana, a segunda era hindu e a terceira, cristã. É interessante observar que na cidade encontramos uma coluna que tem um pouco da arquitetura hindu, cristã e muçulmana. Uma grande união!

Visitei o Agra Fort e senti intensa emoção ao ver o Taj Mahal ao fundo. Agra Fort é um complexo de palácios construídos por Akbar. A construção Jahangir Mahal é fabulosa! Há quatro portões de entrada e a construção demorou oito anos para ser finalizada. Antigamente, esse local era uma fortaleza cercada de água com muitos crocodilos. Visitei o Khash Mahal e o antigo harém, onde ficavam as concubinas do imperador.

Finalmente chegou o esperado dia para conhecer o Taj Mahal! A emoção tomou conta de mim e não consegui conter as lágrimas. A beleza do Taj Mahal não pode ser descrita em palavras. É magnífico! Sua construção levou 22 anos para ser finalizada e cerca de vinte mil homens trabalharam na obra. O Taj Mahal foi erguido em memória de Mumtaz Mahal, esposa do imperador Sha Jahan. Ela faleceu ao dar à luz o décimo-quarto filho do imperador. Este a amava muito e não dava a mesma atenção para suas outras duas esposas e concubinas.

Após sair do Taj Mahal, sentei-me em um banco no jardim e fiquei meditando em silêncio, sentindo o amor e a paz do local. Não dava vontade de ir embora!

Estava viajando com um guia particular e em Delhi fomos visitar um antigo templo de Shiva, onde me emocionei e me senti tocada. O guia percebeu minha profunda identificação e disse: "Existe um complexo de templos de Shiva para os hinduístas em Delhi, não é para turistas. É um local de preces para os hindus, mas, se não contar para a agência em que trabalho, posso levá-la até lá para ver do lado externo. Não será possível entrar". Eu imediatamente aceitei a proposta. Quando cheguei lá, quis andar pelas ruas, respeitando a regra de ver o complexo de templos de Chattarpur somente do lado de fora.

No entanto, quando cheguei à porta de um dos templos de Shiva, fiquei observando e com muita vontade de entrar. De repente, apareceu um "mestre" em trajes típicos e me convidou a entrar. Olhei para o guia, que me disse que aquele homem era a autoridade máxima do templo e que eu poderia aceitar o convite. Entrei e fiquei extremamente emocionada, algo profundo tocou minha alma. Ao ver minha reação, o "mestre" me convidou para visitar o segundo andar do templo. Lá me ofereceu um colar de flores e amarrou em meu pulso uma pulseira vermelha. Não tenho palavras para descrever "tudo" o que senti: era como se eu voltasse no tempo, tudo era muito familiar. Ofereci dinheiro ao mestre em retribuição aos presentes, mas ele não aceitou. Quando desci, o guia que me aguardava no térreo estava espantado. Disse-me que poucos hindus tinham acesso ao segundo piso daquele templo. Não tenho como explicar, mas foi um momento muito marcante em minha vida.

Em Delhi fui à maior mesquita da Índia, a Jama Masjid, construída pelo imperador Shah Jahan no século XVII, e também o Raj Ghat, o túmulo de Gandhi. Depois de Delhi fui para o Nepal e retornei para ficar mais alguns dias na moderna cidade de Mumbai. Visitei o Museu Mahatma Gandhi, que fica na antiga casa de Gandhi, e aprendi mais sobre esse grande homem.

Primeira viagem para o Nepal

Em minha primeira viagem para o Nepal, fui para Kathmandu, visitei o complexo religioso de Swayambhunath, os "Olhos de Buda", e adorei ver bandeiras com orações budistas enfeitando o céu em cinco cores, o verde representando a natureza, o branco a paz, o vermelho a vitória, o amarelo o espiritual e o azul a iluminação. Girei as orações e mantras inúmeras vezes, fazendo em cada rodada um pedido de paz e amor para a humanidade. Visitei o Boudhanath, que fica em uma região habitada por muitos tibetanos que refizeram suas vidas, conheci o conjunto arquitetônico, com o palácio e inúmeros templos, e visitei também uma das nascentes do sagrado Rio Ganges. Nesse local os mortos são cremados e as cinzas são jogadas no rio, enquanto outras pessoas lavam roupas e tomam banho.

Achei interessante ver a residência de uma kumari. Segundo a tradição, ela (uma menina) é uma deusa viva e não pode pisar no chão fora de sua residência. Uma kumari é selecionada depois de se submeter a várias provas. Quando se torna mulher, outra menina é escolhida para substituí-la.

Assisti também a uma cerimônia de casamento no Nepal, em que várias mulheres, vestidas de vermelho, se casam em uma cerimônia coletiva. Casam-se três vezes: a primeira com o sol, depois com a natureza e, por último, com o homem.

Amei as mandalas budistas. Os desenhos são minuciosos e perfeitos!

Segunda viagem para a Índia

No ano em que retornei da Índia pela primeira vez, uma amiga me convidou para assistir a uma palestra de um mestre filipino que viria dos Estados

O seu universo a você pertence

Unidos ao Brasil. Naquele fim de semana, eu estava sem babá para ficar com as crianças e fiz um malabarismo para conseguir comparecer ao evento. Quando a palestra terminou, comprei o livro do palestrante, *Os poderes ocultos da ioga e da meditação*. Na época, o livro ainda não tinha sido traduzido no Brasil e pedi para o autor autografar. Quando assinou, olhou para mim e disse que gostaria de me treinar para desenvolver os trabalhos dele no Brasil. Fiquei intrigada e perguntei a várias pessoas se ele tinha falado algo semelhante, e elas me responderam que não.

Para resumir: esse mestre, já mencionado anteriormente, Del Pe, é da linha de Shiva e me forneceu vários ensinamentos. Ele é uma integração do mundo oriental e ocidental. Sua síntese única é o resultado da experiência internacional como engenheiro, homem de negócios, mestre em artes marciais, especialista em ioga, meditação e ciência da cura. Ele foi treinado por quatro mestres da Ásia e das montanhas do Himalaia. Atua como mentor de muitos executivos de grandes corporações, que usam suas meditações para maximizar o desempenho e equilibrar suas vidas.

Acabei organizando vários seminários do Del Pe no Brasil e fui fazer um retiro com ele e seu grupo na Índia.

Foram muitas as divinas experiências, mas a mais marcante foi participar de um evento fechado em celebração ao 62º aniversário de morte do Gandhi. Nesse evento compareceram a presidente da Índia, o primeiro-ministro, familiares de Gandhi e os principais representantes das religiões praticadas na Índia: hinduísmo, sikhismo, jainismo, budismo, cristianismo, judaísmo, islamismo, entre outras. Eles estavam a uns dez passos de nós, sentados um ao lado do outro no chão, aceitando suas diferenças e respeitando a crença e o credo de cada um. Faziam orações, recitavam mantras e cantavam, exatamente como Gandhi pregava e vivia.

Uma das maiores lições aprendidas nessa viagem se deveu ao atraso no meu voo de chegada a Delhi. Como havia muita neblina na cidade, não conseguimos pousar em Delhi, e o avião da British Airways foi para Mumbai. Acabei então chegando a Delhi um dia depois do previsto. O mais incrível foi observar que, durante todo esse período, não havia ninguém reclamando, falando alto ou irritado com o imprevisto. Os indianos são muito tranquilos: verificam a melhor solução e aceitam os fatos como acontecem. O lema é resolver o problema e "deixar ir" sem apego.

Pratico essa filosofia em minha vida, mas também corro atrás e vou buscar. Sempre verifico quais são as possibilidades, analiso as melhores e piores situações, tento ver o tabuleiro de xadrez como um todo e agir, mas aceito com facilidade o que não posso mudar, como a morte ou outras situações difíceis. Se não posso mudar, aceito. Muitas vezes não é possível entender – basta aceitar.

Terceira viagem para a Índia e segunda viagem para o Nepal (O Retiro de Buda)

Muito se conhece sobre os ensinamentos do budismo, mas pouco se fala sobre a vida de Buda. Tive a oportunidade de fazer um "Retiro de Buda" no Nepal e na Índia, estudando a parte esotérica com meu mestre espiritual Del Pe e percorrendo os locais onde Buda nasceu, viveu, meditou, iluminou-se, ensinou e morreu.

Fiz muitas meditações em locais sagrados.

No Nepal, visitei:

- Kathmandu: além da tradicional estupa de Boudhanath (Olhos de Buda), conheci a estupa de Swayambhunath, um dos lugares mais sagrados do antigo budismo. É uma caverna no topo de uma montanha.

- Lumbini: visitei a cidade onde Buda nasceu. Ali há um lugar onde todos os países que seguem o budismo construíram ou estão construindo um templo. O que mais me chamou a atenção foi o inacabado templo da Tailândia, que ainda não estava pronto do lado externo, mas divinamente finalizado internamente. É todo pintado com diversas passagens da vida de Buda.

- Kapilavastu: capital do reinado onde Buda morou por 29 anos. Conheci também as ruínas do palácio em que ele morou e o portão leste, de onde saiu para sua vida espiritual. O imperador Ashoka construiu nesse local uma estupa em memória ao pai e à mãe de Buda. Meditamos ali, ao redor da estupa da mãe, fazendo uma reverência ao sagrado feminino, à geradora.

O seu universo a você pertence

- Kudan: local onde Buda reencontrou seu pai, o rei Suddhodana. Ele retornou ao lugar somente após sua iluminação, seis anos depois de ter deixado o palácio.

- Ramagram: uma importante estupa onde está guardada uma das oito relíquias de Buda. Fizemos uma incrível meditação nesse local e depois deitamos no gramado e sentimos uma enorme energia.

  Na Índia, visitei:

- Kushinagar: visitamos o monastério onde há uma grande estátua de Buda dormindo. Visitamos também o templo Parinirvana, onde Buda fez seu último sermão. Meditamos e senti uma incrível energia. Meditamos também na estupa de Mahasamadhi.

- Sarnath: local onde Buda fez seu primeiro sermão. O imperador Ashoka construiu uma estupa nesse parque.

- Varanasi: meditamos ao lado do Rio Ganges à noite e, na manhã do dia seguinte, retornamos ao local, onde pegamos um barco, atravessamos para outra margem do rio e meditamos.

- Bodh Gaya: visitamos o incrível templo de Mahabodhi e meditamos em frente da árvore Bodhi. Na meditação noturna que fizemos embaixo da árvore onde Buda se iluminou, senti os sons e mantras do passado do budismo com a espiritualidade do futuro no presente. Senti a energia antiga se unindo com a energia dos novos tempos. É interessante salientar que estamos na terceira geração da árvore Bodhi. No período do imperador Ashoka, a árvore foi cortada. A segunda árvore, plantada no mesmo local, foi destruída por uma tempestade e a atual foi plantada há 150 anos.

- Rajgir: visitamos as cavernas de Gridhakut e Saptaparni, onde Buda passou grande parte de sua vida meditando. Nesse local fizemos uma meditação ao pôr do sol para encerrarmos o fantástico retiro. Senti-me muito realizada, em paz e feliz por ter percorrido lugares sagrados onde Buda viveu e se iluminou.

Viagem para Bali (Indonésia)

Sempre quis conhecer Bali, mas acabei repetindo vários lugares no mundo antes de empreender essa viagem. Parece que eu estava aguardando o momento que o fluxo da vida me colocaria nessa direção. É como se uma parte de mim soubesse o destino a seguir, o local para onde ir, no entanto sem elementos racionais.

Com poucas pesquisas na internet, encontrei exatamente o que desejava, um retiro sobre tantra, outro sobre o "sagrado feminino" para trabalhar através da kundalini ioga e, para fechar o ciclo, um curso sobre xamanismo.

Estava empolgada com essa viagem e tudo estava perfeito, mas três meses antes recebi a notícia do falecimento de minha querida tia. Meu chão balançou, e eu me questionei se tudo aquilo não era um aviso para desistir da viagem. Refleti por duas semanas e decidi prosseguir nesse novo sonho que tinha criado. Acabei ficando em Bali por quase um mês e participei do curso xamânico "Vida após a morte". Pois a vida continua!

O universo conspirou para que tudo fosse mais do que perfeito em minha viagem para Bali. Recebi muitas joias do plano espiritual, presentes do céu, fui abençoada. Foram dias que trouxeram sabedoria, amor, entrega, alegria, paz, e fui guiada por uma força superior muito além de minha compreensão. Tudo fez sentido no entrelaçado da grande mandala. Recebi muito além do que poderia imaginar ou sonhar. Bali me enfeitiçou, a ilha mostrou todo o seu poder de abrir portas antes desconhecidas.

A Indonésia é um país encantador. Surpreendi-me positivamente antes de chegar ao país, quando liguei para o consulado e fui informada de que não era exigido o visto antecipado de nenhum cidadão do mundo. Há na Indonésia mais de 18 mil ilhas e 895 culturas, e são ensinados sete idiomas às crianças na escola.

Bali é uma ilha com muita natureza e espiritualidade. As pessoas reconhecem Deus em tudo e vivem sorrindo, recebem turistas de todos os países com total abertura no coração. Elas são modestas, quase não usam relógio e andam de chinelo a maior parte do tempo.

Intuitivamente digo que Bali possui uma enorme energia de amor que faz despertar e abrir esse canal no coração das pessoas que estão predispostas a tal. É por isso que elas realmente são felizes, simples, alegres, leves, sem muitas preocupações e com tempo para as práticas espirituais diárias e o cuidado com o corpo. Ouvi de várias pessoas que a vida é fácil – são os seres humanos que complicam!

No idioma balinês, a palavra "brasil" significa sucesso, atingir o que queremos. Eles disseram que quando o time de futebol do Brasil está jogando, sempre torcem por nós e celebram nossas vitórias.

Em Bali participei de uma vivência xamânica por dez dias com o mestre Kevin Turner, responsável por The Foundation for Shamanic Studies na Ásia e por The Monroe Institute Japan. Ele estudou com iogues, monges e lamas na Índia, no Nepal, no sul da Ásia, em Taiwan e no Japão. Encontrou o antropólogo americano Michael Harner, em 1997, e iniciou sua trajetória no xamanismo, a antiga "religião" dos indígenas. O xamanismo é a união da natureza e do divino, da terra e do céu. Podemos dizer que todas as religiões vieram do xamanismo.

Tive incríveis aprendizados, mas o mais fantástico foi a "jornada de nossa morte". Em um determinado momento, o mestre disse para eu fazer uma viagem para o momento de "minha morte", como se eu fosse morrer naquele instante. Não era um exercício de previsão, apenas uma experiência de morrer durante a jornada e tinha de praticar como se realmente não fosse voltar.

Iniciei minha jornada ao som de um tambor. Eu me senti extremamente leve e saí pelo chrakra coronário com a ajuda do coração. Comecei a subir em linha reta, às vezes com algumas ondas. Havia matizes de várias cores translúcidas, e eu estava sendo guiada até o local onde encontrei Jesus. Ele estava me aguardando e começou a se comunicar comigo por meio da geometria sagrada, um código universal com formas geométricas sobrepostas, cores e luzes transcendentes. Mostrou-me várias partes do quebra-cabeça de minha alma e o mosaico completo até aquele momento. Disse que em minha última encarnação não desci com todas as qualidades de minha alma porque eu tinha um trabalho específico a fazer e não poderia correr o risco de me influenciar pelo ego. Naquele momento, vi minha alma completa e brilhante, em uma dimensão muito além da imaginação. É como se todos nós tivéssemos essa imensa luz dentro da alma.

Jesus disse que eu seria treinada para aprender mais sobre o plano espiritual e que eu teria novos mestres. Eu estava extremamente feliz e radiante, com a sensação de ter voltado para minha verdadeira casa. Nesse momento, apareceram alguns novos amigos vestidos de branco e começamos a celebrar como em uma grande festa. Depois, cada um seguiu seu caminho para novos aprendizados. Meu chrakra coronário brilhava como uma flor de lótus transparente.

Entendi por que São Paulo, um dos mais ardentes apóstolos do cristianismo, disse que morria todos os dias, que praticava a morte todos os dias. Temos de praticar o desapego com este mundo antes de morrer – se possível, devemos praticar no dia a dia, unindo nosso eu, nossa alma e nosso espírito em um tempo não linear. Eu não estava apegada a nada do mundo material – em nenhum momento me preocupei com meus filhos, pois sabia que eles estavam bem. Estava sendo guiada pelo "além" e tinha certeza de que essa "energia" dava suporte espiritual para meus filhos. Havia muita entrega, paz e serenidade. Enfim, foi uma experiência profunda e muito significativa.

Durante a vivência xamânica em Bali, aprendi novas práticas e teorias e entendi por que minha intuição me levara àquele local. Eu precisava resgatar aqueles ensinamentos e estar com aquelas pessoas vindas dos cinco continentes. Entendi que é necessário reviver o xamanismo no mundo moderno, onde a vibração é a ligação entre a realidade e a não realidade.

Viagem para o Peru

No Vale Sagrado dos incas a viagem se inicia com um passeio a cavalo no Templo da Lua, simbolizando fertilidade e o Vale dos Espíritos refletindo a união. O número três está muito presente na arquitetura inca, representando o espiritual (condor), o presente (puma) e a terra (cobra) que fornece o alimento. As três leis do império inca eram não roubar, não mentir e trabalhar.

Nessa sociedade, a mulher era simbolizada pela lua (prata), o homem pelo sol (ouro) e as crianças pelas estrelas. Em Machu Picchu, o Templo da Lua tem paredes curvas e naquela época era muito difícil construírem aquela arquitetura com pedras arredondadas, que se encaixam perfeitamente;

esse local era muito especial para eles. A Pedra do Sol era o local de captação de energia, o ponto em que os incas realizavam rituais e mensuravam o tempo no calendário anual. O sol bate na ponta da pedra no dia 21 de junho, início do inverno.

Os incas acreditavam em reencarnação. As pessoas eram enterradas com seus pertences materiais para que não houvesse disputa de bens entre os que ficavam.

No percurso do "Caminho Inca", que pode durar três dias ou mais, os turistas caminham, e os guias carregam suas bagagens e toda a infraestrutura para o acampamento. Carregam felizes, percorrem o mesmo caminho percorrido anteriormente pelo povo para ajudar a construir a cidade. Há muita magia em Machu Picchu!

Ainda no Peru, tive a oportunidade de conhecer as cidades de Pisac, Chinchero, Lima e Cusco (que significa umbigo, centro). Os lugares são simples, mas espiritualmente ricos.

Fiz um curso de xamanismo com um mestre peruano e aprendi que Ukhu Pacha é o passado e os antepassados, a origem. É o que está no plano inferior. O Kay Pacha é o presente, o plano do meio, a rotina, o trabalho, o sagrado do dia a dia. E o Hanan Pacha é o futuro, o plano superior. Eles estão inter-relacionados porque o presente traz acordo de serviço com o plano de cima e tem ligação com o passado. Na cruz andina, Ukhu Pacha é a serpente, Kay Pacha é o puma e Hanan Pacha é o condor.

Para o nível superior, pedimos a visão de onde devemos caminhar, mapear nosso presente com o que acreditamos ser nosso potencial de realização, nosso propósito de vida, um campo de possibilidades, uma lapidação, onde devemos nos concentrar na força da integridade energética com a pureza de energia.

O mundo do meio é aqui e agora, é o manifesto, o movimento, a atenção plena. É como estruturamos nossas atividades no tempo para suprir as necessidades de nossos corpos. É onde trabalhamos, ganhamos dinheiro e nos relacionamos com as pessoas.

O mundo inferior é a força raiz, de onde vem o poder para manifestar. Está conectado com os antepassados e com a energia sexual. O que somos hoje é resultado de uma série de decisões que tomamos no passado.

Os três mundos interferem um no outro em nosso caminho. É fundamental a harmonia com nós mesmos, com os outros e com a natureza. É na relação de reciprocidade que devemos encontrar o equilíbrio das relações, do dinheiro e de tudo que nos envolve.

Viagem para o México

Na Cidade do México, conheci as ruínas astecas de El Templo Mayor. Infelizmente, uma catedral metropolitana foi construída em cima desse templo. Uma perda para a humanidade.

Visitei as famosas pirâmides do Sol e da Lua em Teotihuacán, em 8 de novembro de 2003, exatamente na data do importante eclipse previsto no calendário maia. Saí das pirâmides e segui rumo à igreja de Guadalupe, onde outro divino espetáculo foi preparado por Deus naquele horário e lugar. Cheguei no exato momento do eclipse em cima da antiga igreja de Guadalupe. Parecia irreal, um cenário que não pode ser expresso em palavras ou fotos.

Tive a oportunidade de conhecer também as cidades de Cuernavaca, Taxco (cidade da prata), Puebla, Cholula, onde se localiza o vulcão Popocatépetl, e Cancún, com o maravilhoso parque de Xcaret, a "Ilha da Fantasia" – o cenário serviu de inspiração para o filme *Lagoa azul*. Belíssima natureza!

Viajar é uma das melhores coisas da vida. Vivenciamos com intensidade cada momento e apreciamos sem pressa as maravilhas criadas por Deus e pelo homem.

Viagem para o deserto de Atacama (Chile)

Na fenomenal e deslumbrante natureza do deserto do Atacama, conheci o Valle Del Arcoiris, Laguna Cejar, Salar Y Laguna, Gêiseres de Tatio, Termas de Puritana, Salar de Tara, Valle de La Luna, Valle de La Muerte e fiz o imperdível tour astronômico para contemplar o universo. O céu do deserto do Atacama é extremamente limpo e por isso foi escolhido para sediar o Projeto Alma, o maior projeto astronômico do mundo para estudar o universo, uma iniciativa de bilhões de dólares envolvendo Chile, Estados Unidos, União Europeia, Japão e Taiwan. Segundo um astrônomo de lá, o mundo nunca será o mesmo depois desse projeto, que representa um enorme avanço para a humanidade. Ele afirmou: "Podemos compará-lo como antes e depois de Cristo".

Um dos guias em nossa viagem para o deserto do Atacama tinha bastante conhecimento sobre o xamanismo. Os incas sabiam que não pertenciam à terra e que a terra não pertencia a eles. Por isso, eram nômades. Depois de um tempo, tornaram-se seminômades. Eram excelentes astrônomos e seus calendários eram precisos.

O vulcão Lincacabur, localizado entre o Chile e a Bolívia, é sagrado e seu nome significa "todos juntos". Os incas acreditavam que todas as almas que vão para o mundo inferior estão lá. É um lugar para repensar seus valores, para pensar e agir corretamente quando encarnar novamente. Esse vulcão de 5 920 metros de altitude pode ser visto de várias partes do Chile.

O guia nos contou sobre o período em que os brancos invadiram as terras indígenas e mataram todos, famílias, culturas e nações. Nesse momento, os índios fizeram uma "profecia" para os brancos: "Todas as plantas que nos curam irão matar vocês". E assim está sendo desde então, com o tabaco, a folha de coca e outros.

Viagem para a Espanha

Realizei várias viagens para a Espanha. O aprendizado espiritual que obtive nesse país não foi através de *insights* ou meditações em locais diferentes e especiais. Foi por meio de um curso, ao qual, por mais uma vez, fui direcionada por minha intuição.

No capítulo 10, "Viagens ao meu interior", descrevo minha primeira meditação com o divino através da geometria sagrada. Visualizei a complexa formação e preparação de um ser por meio da geometria. Foi uma experiência marcante e profunda.

Desde então, tive outras significativas experiências nas quais me comuniquei com o divino e recebi mensagens através de uma simbologia geométrica sagrada de formas sobrepostas, números, cores e sons. Nelas, o tempo não pode ser mensurado de acordo com nossa cronologia.

Como meu conhecimento sobre esse assunto foi prático e vivencial, busquei a teoria para conseguir colocar em palavras a profundidade da geometria sagrada. Nas palavras de Léonard Ribordy (2012): "O princípio da extensão é uma abstração. A forma se constitui de alguma maneira no produto de uma síntese do espaço e do tempo. Assim, 'produzindo-se' do espaço e do tempo, o ato criador 'geometriza', permitindo atualizar o abstrato qualitativo e representá-lo por meio da forma. A geometria, a música e a aritmética correspondem às três condições existenciais dos viventes, que são o Espaço, o Tempo e o Número".

Buscando entender mais sobre a geometria sagrada e sua aplicação, iniciei algumas pesquisas na internet e descobri a geocromoterapia, desenvolvida por Marta Povo, do Instituto Geocrom, na Espanha.

Fiz minha inscrição para um curso completo e tive a oportunidade de ficar hospedada na casa de Marta. Logo que cheguei, a primeira pergunta foi como a tinha encontrado e o porquê do meu interesse em aprender a técnica. Falei sobre minhas meditações e descrevi a visualização da formação geométrica do ser. Ela ficou espantada e perguntou se eu conhecia Emma Kunz. Respondi que nunca tinha ouvido falar sobre ela. Imediatamente, ela saiu e me deixou sozinha na sala. De repente, apareceu com um quadro intitulado "Energia Sutil del Hombre del S.XXI", por Emma Kunz.

Nesse quadro, Emma desenhou a geometria sagrada da concepção até o nono mês de formação de um ser. Emma nasceu na Suíça, em 1892, trabalhou com cura e arte, publicou três livros e produziu muitos desenhos. Fiquei espantada com a sincronicidade! Assim começou minha formação em geocromoterapia.

Geocrom é um sistema de equilíbrio harmônico para todos os seres e sistemas vivos, baseado na capacidade de reação a determinados padrões de forma ordenada da luz e cor. Esse sistema organiza, coordena e proporciona um mapa dos campos energéticos e estruturais dos seres. Em consequência, equilibra a totalidade do indivíduo.

O sistema Geocrom propõe outra maneira de entender a saúde, além do bem-estar, baseada na descoberta da própria natureza essencial e geométrica de cada ser e no alinhamento harmônico com seus propósitos vitais e seu desenvolvimento humano. A geometria e a luz cromática proporcionam lucidez ao indivíduo e o desenvolvimento da intuição, ou seja, da capacidade de captar de maneira imediata a verdade e a realidade em sua essência. Esse sistema tem uma ação evolutiva.

A técnica trabalha com aplicação de formas geométricas nos chacras, é um tratamento energético, sutil e espiritual. Citando um exemplo prático, o paciente chega na consulta com uma determinada questão de algo que está incomodando ou que ele queira trabalhar, o terapeuta utiliza a metodologia e faz que o cliente enxergue seu processo com mais luz e consciência, para complementar, o terapeuta aplica com raios de luz as figuras geométricas em seus chacras. Para se ter uma ideia melhor, somente participando de uma sessão.

Aprendi muito e gostei bastante de aprender essa nova técnica para trabalhar com o desenvolvimento humano e ser um instrumento no processo de transformação do outro.

A geometria sagrada é um portal e, através dela, podemos avançar no estudo da energia, eletricidade, DNA, RNA e muitas áreas da física, química, matemática, medicina e outras.

Capítulo 10

Viagens ao meu interior: sonhos e meditações

Quem olha para fora sonha, quem olha para dentro acorda.
Carl Jung

Sonhos

O sonho é um estado maravilhoso no qual tudo é possível. É uma porta aberta para outro mundo. Sonhar é um dom espiritual. Neste capítulo vou falar dos sonhos que temos quando estamos acordados ou dormindo.

Nunca desista de seus sonhos

A vida é semelhante para todos os seres humanos, e cada um carrega o dom de ser capaz e ser feliz. Todos nós temos problemas, e alguma dificuldade da vida de uma pessoa pode parecer fácil para outra. Acredito que temos missões e, com certeza, carregamos situações não resolvidas de outras vidas e viemos aqui para nos superar, preencher o *chip* de nossa existência e vencer. Não viemos fadados a perder, mas para aprender, superar obstáculos e ser feliz.

A grande diferença entre um vencedor e um fracassado é que, quando os dois se depararam com uma grande pedra no caminho, o primeiro tentou ultrapassá-la de todas as maneiras, subiu, escorregou, caiu, tentou novamente de outra forma, fracassou, mas não desistiu, até conseguir passar para o outro lado. Já o fracassado viu a pedra e retornou ao seu ponto de partida, ou tentou superá-la, mas logo desistiu. A dificuldade era a mesma para ambos, mas a determinação fez a diferença.

Não é fácil transpor as pedras que surgem no caminho. Os primeiros obstáculos parecem enormes, temos de fazer um trabalho de Hércules para aguentar o fardo, porém, ao transpor algumas pedras, percebemos que estamos mais fortes e que temos força para remover as próximas barreiras.

É um processo que nunca acaba. Normalmente, após superar uma etapa difícil vem outra mais fácil para termos tempo de assimilar a experiência e nos tornar mais fortes para outras etapas que virão. Aprendemos assim a viver de maneira mais leve e feliz. Os problemas continuarão surgindo, mas nossa maneira de encará-los será diferente.

Sonhos acordados e dormindo

Os sonhos descrevem nosso estado interior e refletem nosso estado de consciência. É uma extensão do que se passa no coração e na mente. É uma expansão de nossa experiência de vida. Isso vale para os sonhos que temos quando estamos dormindo ou quando estamos acordados. Podemos estar conscientes ou não, nos identificar com eles ou nos separar deles.

Os sonhos são o portal para os planos interiores. Muitas respostas e revelações são transmitidas por meio desse canal e, por isso, devemos estar abertos e conectados para recebê-las. As mensagens são passadas através de emoções e sentimentos, do conhecimento direto que fala sem palavras, que comunica no silêncio da alma.

Muitos conhecimentos e percepções intuitivas, puras e verdadeiras nos chegam através de sonhos, os quais nos levam a planos superiores com visões, premonições e mensagens divinas. Tudo o que existe no mundo nasceu do sonho de algum homem que resolveu criá-lo e materializá-lo fisicamente.

Quando nos perdemos de nós mesmos, devemos voltar no tempo e encontrar o ponto onde paramos de sonhar, resgatar o sonho e entender o processo. Após a compreensão, devemos voltar à encruzilhada e pegar a outra estrada, mudando de direção, seguindo o coração e os sonhos rumo à realização e à felicidade.

Não deixe a vida matar seu sonho

Todas as pessoas podem ser tão grandes quanto quiserem e mudar o mundo. Se você ficar parado em uma praça por cinquenta anos, mesmo assim pode influenciar um grande número de pessoas. Imagine, então, se agir?

Todos podem contribuir para um mundo melhor, fazendo o que amam e o que melhor sabem fazer. Para isso, é preciso sonhar, ter determinação e persistência.

Segundo Eduardo Lyra, autor do livro *Jovens falcões*, o que mais importa é para onde as pessoas vão e o que menos importa é de onde vieram. O importante é o que mora dentro de nós. Lyra diz que morou em uma favela, mas nunca deixou que ela morasse dentro dele. Em seu livro, narra histórias incríveis de grandes vencedores que saíram "do nada" e transformaram o mundo. Fala, por exemplo, de um menino de 13 anos que enviou um e-mail para a ONU dizendo que queria mudar o mundo. Chamaram-no de louco – e hoje ele trabalha na Unesco.

Sonhos, palavras e ideias podem mudar o mundo. Qual será sua contribuição?

Como queremos ser daqui a 20 anos?

Gostaria de compartilhar um texto que escrevi ao responder a uma questão durante meu curso de pós-graduação em marketing na ESPM, na disciplina fator humano. Eram questões de autoconhecimento que, de uma maneira prática, me ajudaram a realizar um planejamento de curto e longo prazo. A pergunta era: "Qual é seu sonho?".

Eis uma parte do que escrevi na época. Trata-se de uma carta escrita no futuro pelo amigo que fez a viagem comigo. O importante é salientar o sonho de minha essência.

Muitos anos se passaram, mas eu ainda me recordo daquele dia em que fomos de bicicleta da cidade de Luxor até o Vale dos Reis, no Egito. Você era uma menina-moça e nos seus olhos brilhava a energia de quem queria conquistar o mundo. Recordo-me daquele momento como se o estivesse vivenciando agora. Sua expressão de criança ainda está presente. Seus olhos transmitem paz e a sensação de ter realizado todos os mais sublimes desejos de um ser humano que ambiciona pela experiência de viver e aprender, sem ganância de conquistar poder ou somente posições, mas, acima de tudo, ser gente, de ter traçado um caminho plantando sementes e tratando pessoas das mais diferentes classes sociais ou culturas da mesma maneira, vendo o ser humano e tentando fazer o mundo ao seu redor um pouco melhor. Gratifico-me do pacto de irmãos que fizemos naquela noite de Natal em Jerusalém.

No decorrer da vida, vi-a em bons e maus dias. O mais importante em nossa amizade é que não precisamos nos camuflar nas máscaras do dia a dia, e sim sermos sinceros, objetivando o crescimento como pessoa e fazendo das posições conquistadas um degrau para realizarmos a nossa verdadeira satisfação, bem como viajar pelo mundo e aprender com as pessoas e as situações.

Somos do tamanho dos nossos sonhos, mas muitas pessoas não sabem quais são os seus. O problema maior não é realizar o sonho, e sim descobri-lo.

"Eu tenho um sonho"

Eu tenho um sonho de que um dia as pessoas não serão julgadas pela cor de sua pele, mas pelo seu caráter. Eu tenho um sonho de que um dia os homens terão a consciência de que sua origem é a mesma.

Martin Luther King Jr.

Tenho o sonho de que um dia nossas crianças, brancas, negras, amarelas ou vermelhas, católicas, budistas, hinduístas, judias, muçulmanas ou de qualquer outra religião, tenham a consciência de uma aldeia global de respeito e aceitação das diferenças. Que haja o reconhecimento de que a união de todas é melhor do que uma, que cada uma representa um átomo no corpo da humanidade, que todas são importantes para o perfeito funcionamento do todo.

Tenho um sonho de que um dia possamos praticar a liberdade, fraternidade e igualdade. Então sentaremos juntos em uma mesa-redonda, como no reino de Arthur, onde não há posição de destaque para ninguém, e sim a união em prol de objetivos maiores.

Com esperança e fé, podemos transformar as discórdias das nações e religiões em uma sinfonia harmoniosa e, juntos, construiremos um planeta melhor.

O texto a seguir foi escrito por meu pai, Wilander Barbarini, no dia 14 de abril de 1968. Eu não era nascida. Como já mencionei, meu pai faleceu quando eu tinha 11 anos e pude conhecê-lo melhor em minha idade madura pelas lindas poesias e escritos que ele deixou.

O seu universo a você pertence

Mundo podre em que vivemos

Mundo podre em que vivemos,
Cheio de fantasias,
Cheio de orgias,
Cheio de diferenças,
Cheio de crenças,
Cheio de ideologias,
Cheio de preconceitos.

Mundo podre em que vivemos,
Onde a maldade, a destruição,
Imperam com toda amplidão.

Mundo podre em que vivemos,
Onde a falsidade, a traição,
É a base essencial da desunião.

Mundo podre em que vivemos,
Onde se mata até para roubar,
Onde preciosas vidas são ceifadas.

Mundo podre em que vivemos,
Onde os ricos, os fortes,
Superam os menos favorecidos – os pobres.

Mundo podre em que vivemos,
Testemunho secular e indelével
De atrozes derramamentos de sangue.

Mundo podre em que vivemos,
Onde os bons são abatidos,
Onde os maus são fortalecidos.

Mundo podre em que vivemos,
Onde os bons, os sensatos, os criadores de paz são eliminados,
Onde os maus, os ignorantes, os fortes são vangloriados.

Mundo podre em que vivemos,
Onde a raiva, a ignorância,
Prevalecem até na distinção da cor.

Mundo podre em que vivemos,
Atentai; e volvendo a dias passados,
Comparando o bárbaro assassínio
Do homem de cor negra,
Mas de alma doce e pura.
Dono, quando em vida, de fascínio,
De grande carinho e de elevada ternura!
Que o seu nome, para o conflito racista
Existente nos Estados Unidos, de proporção imprevista,
Covarde, seja a bandeira de luta.
E que a história não esqueça a tragédia fatalista,
Para poder registrar o fato que a enluta!
Seu nome: Martin Luther King!

É ou não é a prova cabal deste "Mundo podre em que vivemos?!..."

Anos se passaram, mas a discriminação baseada em cor, credo, religião, classe social e nacionalidade ainda está presente no coração da humanidade. Precisamos hastear a bandeira da paz, da união, de uma aldeia global, do amor, de ordem e progresso.

Eu tenho este sonho e busco fazer minha parte. Também busco sonhadores e loucos como eu para, juntos, podermos trabalhar por uma obra maior, de abrangência mundial, de irradiação de luz, paz e amor.

Sonhos e visões na Bíblia

Segundo uma estimativa, cerca de um terço das narrações bíblicas está relacionado a sonhos e visões. Grandes acontecimentos na Bíblia são decididos com base em sonhos e visões. Deus disse a Moisés: "Ouvi agora as minhas palavras; se entre vós houver profeta, eu, o Senhor, em visão a ele me farei conhecer, ou em sonhos falarei com ele" (Números 12, 6).

Jacó, o último dos patriarcas bíblicos, recebeu uma revelação, por um sonho, de que seus doze filhos seriam os doze ancestrais das doze tribos de Israel, que viveriam como seminômades e se estabeleceriam nas terras de Canaã.

A colina do templo tornou-se para o islamismo um lugar tão sagrado quanto Meca, já que Maomé voou em sonho em seu cavalo branco, para pousar sobre o lugar que se tornou a esplanada das mesquitas, tal como ela existe hoje. A esplêndida Cúpula da Rocha, construída pelo califa Abd Al-Malik entre 685 e 691 d.C. no local onde se passou o sonho de Maomé, recobre o lugar presumido onde Abraão teria de sacrificar seu filho Isaac.

Abraão, Jacó, José, Salomão e Gideão foram todos guiados ou encorajados através de sonhos. Daniel e José salvaram suas nações com a interpretação deles. Profetas receberam mensagens por esses meios.

Relatos pessoais

Desde pequena recebo mensagens e orientações reveladoras em sonhos. Eles, juntamente com as meditações, guiaram-me durante o processo de decisão e escrita deste livro. A seguir, vou descrever somente alguns dos muitos sonhos com significados e mensagens pessoais que tive ao escrever este livro. Peço que os textos sejam lidos com o coração e não com a mente que julga e analisa. Talvez eles sirvam como metáforas ou identificações com seu próprio eu.

Jesus Cristo me fala através dos sonhos e uma vez me pediu para que uma mensagem fosse transmitida. Foi em um sonho que Jesus falou que o último capítulo do livro deveria ser sobre a "Unificação". Ao acordar, não entendi nada, pois não tinha escrito ainda sobre o tema. No entanto, ao refletir, fazia todo sentido que fosse esse o fecho do livro, e assim me guiei por suas palavras e direção divina.

Foi também através de sonhos que Jesus me disse: "Semeie o jardim" e "Você é o sal da terra". Confesso que ainda procuro uma interpretação para esta última frase mencionada por Jesus em vários sonhos. Busquei decifrá-la e entendê-la, e o que encontrei foi o seguinte:

Adriana Barbarini

Sermão da Montanha: "Vós sois o sal da terra" (Mateus 5, 13)

Vós sois o sal da terra! Ora, se o sal se corromper, com que se há de salgar? Não serve para mais nada, senão para ser lançado fora e ser pisado pelos homens.

Vós sois a luz do mundo: Não se pode esconder uma cidade situada sobre um monte; Nem se acende a candeia para colocá-la debaixo do alqueire, mas sim em cima do velador, e assim alumia a todos que estão em casa.

Brilhe a vossa luz diante dos homens de modo que, vendo as vossas boas obras, glorifiquem vosso Pai, que está nos céus.

Não penseis que vim revogar a lei ou os profetas: não vim revogá-las, mas completá-la.

Porque, em verdade, vos digo: até que passem o céu a terra, não passará um só jota ou um só ápice da Lei, sem que tudo se cumpra.

Portanto, se alguém violar um destes mais pequenos preceitos e ensinar assim aos homens, será o menor no reino dos céus. Mas aquele que os praticar e ensinar será grande no reino dos céus.

Porque eu vos digo: se a vossa virtude não superar a dos escribas e fariseus, não entrareis no reino dos céus.

O sal material, cloreto de sódio, tem como uma de suas finalidades preservar o alimento e evitar sua deterioração. O sal da terra também tem um significado espiritual de transformação.

A origem é como um grão de sal que se funde com uma gota de água. Dessa união surge a vida. O sal representa o espírito que, através da água, corrente da vida, penetra no útero para ser gestado. Na síntese desse grão está todo o potencial para a emanação e expressão na vida das qualidades da alma.

Acredito que todos nós somos o sal da terra e esta passagem bíblica se aplica à humanidade como um todo. Unidos, semeamos um jardim com mais frutos e flores.

Meus sonhos

Enigma da esfinge egípcia: "Decifra-me ou devoro-te"

Minha interpretação da cabeça de homem e corpo de leão na perfeita geometria sagrada é o divino e o animal contido em cada um de nós. O leão representa o animal de maior poder, mais belo, mais forte, a força do físico, a exaltação do ego.

Nesse momento, sentimo-nos poderosos e capazes de dominar tudo e todos. No entanto, é somente usando esse poder para ajudar os outros que transcendemos. Enquanto usarmos esse poder apenas em benefício próprio, ficaremos presos ao nosso lado mais animal, material e físico.

Ao entendermos esse poder instintivo da força e usarmos o coração e a compaixão, começamos a despertar a mente com o poder do amor e nosso lado mais divino. É neste sentido que essa enigmática frase nos alerta: decifre e desperte seu lado divino antes que seu lado animal o devore.

Um templo na floresta

Sonhei que fui com um grupo visitar um templo. O lugar era aberto, afastado da cidade, repleto de jardins e com pequenos templos ou monumentos. Recordo que logo me dispersei do grupo, pois cada um poderia explorar o local e ter as experiências que desejassem. No início, meu filho estava comigo, depois seguiu seus próprios passos.

Entrei em um pequeno templo onde havia algumas pessoas sentadas no chão, voltadas para um altar. Sentei-me em um canto e de minha boca saíram duas pedras. Associei-as como duas pedras de escorpião, porque tinham algo como um ímã que as unia, mas também podiam ser separadas com facilidade. De certa forma, comecei a me entreter com as pedras que tinham saído de dentro de mim. Novamente, mais uma pequena pedra saiu de minha boca. Uma das pedras, que estava em minha mão, pulou e comecei a procurá-la. De repente, vi essa pedra sendo absorvida por um feixe de luz dentro do templo. As demais pedras também escaparam de minhas mãos e foram absorvidas por espaços de luz dentro do templo. Nesse momento, percebi a presença de um monge no altar que observava os movimentos, a mim e as pedras, mas nada falou.

Fiquei intrigada com a experiência e tentei achar o mestre que acompanhava o grupo com o qual cheguei ao local. Em um determinado ponto do jardim, encontrei-o e comecei a narrar minha experiência, buscando uma resposta para o ocorrido.

De repente, diante dele, saíram mais duas pedras de minha boca, mas desta vez eram duas pedras de cristais brancos e lapidados. Uma tinha o formato de um hexagrama, e a outra, o formato de uma pirâmide. O mestre olhou para mim, sem grande surpresa. Novamente, mais pedras começaram a sair de minha boca, mas desta vez eram pérolas, muitas pérolas. Não pude contá-las, pois eram muitas. O mestre, mais uma vez, presenciou o acontecimento e nada disse.

Estava no horário de nos unirmos ao grupo para pegarmos o ônibus que nos levaria para nosso ponto de partida. Nesse momento, encontrei meu marido e perguntei onde estava nosso filho. Ele não sabia, mas logo o menino apareceu. Entramos no ônibus e, enquanto eu tentava entender o ocorrido, despertei. Acordei com a sensação de realmente interpretar o místico sonho.

Enviei uma descrição do meu sonho para o mestre que apareceu em meu sonho e lhe pedi que me ajudasse a interpretá-lo. Eis a resposta que obtive: "As primeiras pedras me parecem que devem sair de dentro no sentido de preparação para o serviço, isto é, apegos (magnéticos), conceitos, conhecimentos prévios, enfim, tudo o que nos liga à vida que temos. As segundas pedras, já lapidadas e cristalinas, seriam o próprio oferecimento do serviço. O mais importante agora, de fato, é ouvir o que seu coração tem a dizer. Não a mente lógica e concreta, mas a mente abstrata que, ligada à alma, poderá dar mais informações sobre este sonho que realmente não me parece cotidiano, mas tem bem a cara de mensagem do Eu Sou!".

Código genético

Sonhei com o código genético e os matizes de cores. A mensagem é que em tudo e em todos existe o código de Deus com as formas geométricas e códigos que no futuro serão decifrados. Há uma ponte entre o trabalho pioneiro de agora e o que será manifestado. De uma forma ou outra, estamos envolvidos nesse processo.

Jesus Cristo

Sonhei com Jesus Cristo e ele emitia vários raios com tonalidades de cores e luzes. Ele disse que, em situações de perigo ou conflito, devemos seguir esses raios de cores e luzes que irão se manifestar. Nem todos poderão vê-los, mas estarão lá para proteger os que puderem enxergar e os que tiverem a intuição de segui-los. Jesus disse que seu grande objetivo é que cada ser humano encontre a divindade crística dentro de si. As pessoas precisam ser puras de coração e seguir o caminho da luz.

Saint Germain

Saint Germain apareceu e disse que a luz é uma verdade universal. A matéria é luz densa, pouca luz. Não conseguimos enxergar a verdade através dela. Precisamos nos purificar e nos elevar espiritualmente para enxergar a luz que envolve a matéria, a luz que está nos espaços "vazios" e é muito maior do que a matéria em si. É como se pudéssemos olhar o ar que respiramos, o "éter" em todos os ambientes que nos circundam. A luz está lá, mas nossos olhos não estão aptos para enxergá-la e refleti-la. Nosso olhar está denso e só enxerga a matéria.

Todo trabalho deve ser feito de dentro para fora e individualmente. Só então poderemos enxergar o não visto, sentir o não sentido e viver o não vivido pelos demais. Num mundo de paz e harmonia interior, no qual as trevas da matéria não podem nos consumir, num mundo onde emitimos luz, não importa o externo. Cada um deve fazer sua parte e construir um mundo melhor com a paz que vem do interior de cada ser.

Sai Baba

Em certa época tive alguns encontros com Sai Baba em meus sonhos e recebi algumas mensagens. Quando fui pesquisar mais sobre ele, descobri que era um avatar de Shiva, "aquele que transforma". Seu nome significa mãe e pai, a união perfeita do feminino e masculino.

Tantra

Senti a união dos cinco sentidos transcendendo todos eles. Existe a interconexão de tato, olfato, paladar, audição e visão. Os sentidos se misturam sem que possamos nos identificar na unidade, e sim uni-los e atingir uma dimensão superior. É assim que nos comportamos no amor tântrico: os sentidos despertam, unem-se e expandem.

Sonhei que estava andando na natureza e vi uma cobra preta em uma cerca. Quando me viu, imediatamente veio em minha direção. Ela veio para cima de mim, me derrubou e ficou sobre as minhas costas. No início, tive receio, mas não medo. Ela percorria a parte de trás do meu corpo como se me massageasse, inclusive com alguns especiais movimentos em meus pés. Eu relaxei e estava curtindo a massagem, pois sabia que em determinado momento ela iria embora sem me ferir. A cobra me disse que aquilo fazia parte de um ritual de reconhecimento. De repente, apareceu uma mulher de cabelos negros e compridos ao meu lado, pegou a cobra com as mãos e a jogou para o outro lado. Eu perguntei por que havia feito aquilo, e ela me respondeu que aquela cobra era uma jiboia.

Minha conclusão: a cobra poderia me devorar, mas não iria. A partir do momento em que o ritual finalizou, apareceu uma discípula com poderes para pegá-la e direcioná-la a outro local.

Alguns dias após esse sonho, encontrei uma cobra em uma das ruas próximas ao local onde moro. Qual é a probabilidade de isso acontecer em uma metrópole como São Paulo? Não conheço nenhum morador da região que tenha visto cobras na rua. O maior significado se resume à palavra "transformação".

União

Fiz uma viagem para a Floresta Amazônica, no coração do Brasil. Fiquei alguns dias em um barco percorrendo o Rio Negro e, em outros dias, hospedada na casa de um mestre espiritual em Manaus. Em uma das noites, sonhei com a união de treze pessoas: Jesus e seus apóstolos. No entanto, dessa vez, não havia ninguém para desempenhar o papel de Judas. Não seria mais necessário, não havia nenhum ponto de desunião. Era a união completa para cumprir a profecia divina da conclusão de uma fase no processo da Terra.

Símbolo tântrico

Recebi uma complexa mensagem na qual tudo se encaixa. Vi o símbolo tântrico com os triângulos para cima e os triângulos para baixo. Exatamente no meio estava o número 5, o equilíbrio perfeito, a integridade, o masculino e o feminino em harmonia.

Jesus estava no centro desse símbolo muito sagrado. Ele atingiu a quadratura perfeita do diamante no centro do símbolo de triângulos, onde também há as esferas com os centros que se interconectam para a geometria sagrada. Quando atingimos o centro, transmutamo-nos, transcendemos para outro nível.

De alguma forma, esse símbolo representa o humano divino e se conecta com outro símbolo sagrado que representa outro humano divino, sendo a soma dessa união o número dez, representando a união com Deus.

Talvez dois símbolos sagrados se unam em uma fórmula mais complexa e perfeita rumo ao infinito. Talvez, ao atingirmos esse símbolo sagrado, individualmente, possamos dar o segundo passo na união mais complexa de dois inteiros, gerando um terceiro elemento, símbolo ou forma.

Os triângulos geométricos sobrepostos estão no shivaísmo, no hinduísmo, na estrela de Davi do judaísmo, no símbolo do maçom, no templo de Salomão, no Egito antigo e outros. É também onde Leonardo da Vinci inseriu o homem de Vespúcio. São símbolos da geometria sagrada que conectam o homem com o universo. Tem muitos mistérios e segredos nessa síntese ainda não revelada por completo.

13 ∞ 13

O símbolo do infinito (∞) é o número 8 deitado. A soma de 1 + 3 é igual a 4, de um lado e de outro, juntos se unem no símbolo do infinito. Na intersecção do símbolo do infinito, o ponto pode ser a saída para outro nível. Ainda não consigo decifrar essa mensagem ou código, mas tenho meditado a respeito. O interessante é que o sonho ocorreu na noite de 13.08.13.

Meditações

Meditação: dita-me a ação

Este livro foi escrito com base em minhas experiências de vida. Foco mais no lado intuitivo do que no racional. Foram minhas meditações e sonhos que revelaram a importância de eu expor minha jornada espiritual. Muitas comunicações foram estabelecidas de dentro para fora e reveladas do alto para baixo e, ao mesmo tempo, tudo se fundia em uma só revelação.

Na eterna busca de olhar para dentro, conheci o caminho da meditação. No princípio, comprei alguns livros e CDs e praticava sozinha. Depois, fiz um retiro no templo budista Zen Zulai no Espírito Santo. Lá, as técnicas eram rígidas e permanecíamos por horas meditando na posição de lótus, olhando para a parede do templo. Foi uma ótima experiência. Em 2005, conheci um novo mestre e novas técnicas. Desde então, não parei de praticar. Hoje me deparo meditando em estado contemplativo em vários momentos do dia e posso dizer que é possível meditar quando corremos, quando estamos no trânsito e até mesmo quando fazemos amor. Afinal, meditar é um ato de estar no momento presente com nosso ser integral.

Durante as meditações entrei em estados alterados de consciência. Comuniquei-me com o divino por meio de formas geométricas, números, cores e sons, um idioma desconhecido do meu lado racional, mas totalmente conhecido do meu lado intuitivo, uma linguagem universal, matemática, expressa por cores translúcidas que flutuavam, sons silenciosos que falavam e uma claridade e uma verdade que não deixaram margem para dúvidas. Tudo era muito real e fazia mais sentido do que tudo o que é dito por "real" no mundo em que vivemos.

Durante várias meditações foram-me apresentadas sínteses, revelações e visões. Vale salientar que eu realmente desconhecia a "gematria", associações de números e padrões geométricos, e continuo desconhecendo racionalmente, mas na busca pelo conhecimento analítico após a experiência intuitiva, descobri a geometria sagrada e suas variações. Interessei-me pelo assunto porque aquilo que os autores descreviam em seus livros fazia sentido com o que eu tinha visto sem nada conhecer.

É possível entrar num estado superior de consciência e experimentar a unificação com o divino por meio da meditação profunda. Nesse processo, encontrei algumas vezes com meu mestre Jesus Cristo. A intensidade da luz era enorme. Meus olhos abertos se fixavam na luz para se adaptar à imensa claridade. Preciso estar de olhos abertos para contemplar as luzes e as emanações dos códigos de meu mestre.

Havia beleza, harmonia, amor, compaixão, brilho, equilíbrio dinâmico das polaridades e integração de tudo o que de outra maneira estaria fragmentado. A comunicação era atemporal, de uma fluidez translúcida, em um nível de realidade além do contínuo espaço, tempo e consciência, em que o passado, o presente e o futuro existem como uma realidade simultânea e em que o conhecimento e a realidade de tudo estavam dentro de mim mesma. Um estado alterado e, ao mesmo tempo, de consciência pura. É como se eu fosse luz num universo de luz.

É preciso elevar nossa frequência vibratória, nosso campo de luz

Precisamos encontrar uma maneira de incorporar a meditação no dia a dia, de nos interiorizar e sentir a paz e a tranquilidade em nosso estado de consciência interno, independentemente do que acontece no plano externo. Não precisamos nos isolar do mundo moderno, mas podemos ter pensamentos, atitudes e ações que silenciem a mente para vivermos com mais harmonia.

Desde os meus 17 anos decidi que não iria mais assistir à televisão, a noticiários sangrentos e dramas. Eu preferia ler meus livros e sintonizar a energia que mais fazia sentido para mim, com informações que agregassem. Na época, minha mãe não compreendia minha decisão e achava que eu precisava saber das coisas que estavam acontecendo no mundo. Eu respondia que ficava sabendo dos fatos mais importantes, mas que tudo aquilo não fazia sentido para mim. Hoje entendo que minha atitude intuitiva, no fluxo contrário ao da maioria, ajudou-me a encontrar mais facilmente meu caminho interno.

Outra atitude simples que adoto todos os dias é meu ritual do banho, de limpeza das energias mais densas, de purificação pela água. Sempre acendo um incenso e uma vela, coloco uma música relaxante e rezo enquanto me banho. Esse momento se torna sagrado e divino. Acredito que podemos elevar nossa frequência vibratória em tudo o que fazemos com amor, e a rotina se torna abençoada.

A alimentação também é fundamental para uma vida mais equilibrada, a qualidade deve ser elevada e a quantidade, diminuída. A respiração deve ser mais consciente e, quando inspiramos e expiramos mais profundamente, automaticamente nos induzimos a um estado mais meditativo e sereno.

Precisamos aprender a aquietar os pensamentos, relaxar e trazer coisas boas para a mente e o corpo. Somente desligando o computador mental abrimos espaço para o fantástico mundo interno, trazendo mais serenidade e equilíbrio para a vida.

Diálogo com um de meus mestres em 2006

Quando fiz avançadas meditações com o mestre Del Pe e encontrei muitas respostas para o que eu procurava naquele momento, disse-lhe que aquele era meu lugar, meu mundo e que poderia ficar ali para sempre. Ele então me respondeu: "Você já fez muitas meditações no decorrer de suas vidas e dedicou uma vida física inteira nessa prática. Nesta vida, é hora de aplicá-la no mundo e ensinar aos outros o que você aprendeu. Sei que é mais fácil permanecer nesse estado interno, em contato com você. O difícil é permanecer nesse estado de paz e contemplação em uma cidade agitada como São Paulo ou em qualquer outra grande cidade, mas é lá que deve fazer seu trabalho. Recolher-se ao mundo interno é fundamental, o trabalho feito em algumas horas de meditação tem o poder de ajudar muitos seres humanos, levando mais amor, e não violência, para seus corações e suas vidas. Esse trabalho espiritual abrange um número muito maior de almas que não podem ser alcançadas de outra forma, e você deve desenvolver esse trabalho, mas também expressá-lo de outras formas, estabelecendo redes de relacionamento com as pessoas".

Como fazemos para limpar a água suja de um copo?

Outro dia, um mestre perguntou: "Como fazemos para limpar a água suja de um copo?". Todos os ouvintes ficaram pensando. Alguns pensaram: "Podemos deixar as impurezas decantarem, mas, se mexermos a água, traremos as impurezas decantadas do fundo para a superfície novamente, sujando toda a água". Outros pensaram coisas diferentes, mas ninguém conseguiu encontrar a resposta para o questionamento.

Foi quando o mestre, serenamente, respondeu: "É preciso colocar mais água limpa no copo para que, aos poucos, a pureza prevaleça". Sim, precisamos colocar água mais limpa em nossos seres para que possamos dissolver a sujeira que no decorrer de muitas vidas fomos colocando dentro de nós. Somos todos na origem a água pura da fonte, porém, ao chegarmos a este mundo material, contaminamo-nos com os detritos externos. Esquecemo-nos de focar na água límpida de nosso pote e nos deixamos ser penetrados por impurezas. O que devemos fazer agora é o caminho de volta, o caminho de retorno à fonte. Cada um deve fazer o trabalho de limpar seu próprio copo para que a água retorne à fonte.

O estado meditativo

Um iogue, por meio da meditação, experimenta a fusão do objetivo e do subjetivo. O vidente, o visto e a visão tornam-se um. O subconsciente se revela em sua ampla consciência pelas experiências iogues e pelos sonhos. Nesses estados alterados da mente encontramos soluções para problemas difíceis de serem solucionados com a razão lógica. Segundo Carl Jung, "quem olha para fora, sonha; quem olha para dentro, desperta". A ciência comprovou que nos estados meditativos temos alterações no processamento cerebral, com eventos simultâneos no sistema nervoso.

Quando meditamos, devemos focar no aspecto mais profundo de nosso ser, no aspecto que transcende nossa personalidade, no santuário secreto que só pode ser acessado no estado de consciência elevada, aumentando a frequência dimensional para nos sutilizarmos na luz, adentrando no reino espiritual onde, através da visão mística, mistérios são revelados, a consciência ampliada, a luz refletida, o fogo do espírito atraído por nossa alma que se conecta com nosso coração. É a faísca da essência divina, aquela partícula una que nada entende de dualidade, e sim de integridade e união.

O absoluto está fora do tempo, do espaço e da causalidade. Somos projeções e expansões dessa consciência suprema e, somente pela meditação, pela interiorização, podemos nos conectar com essa essência da consciência em menor escala dentro de nós, acessando estados mais sutis e reais de nós mesmos e do universo.

Pureza e consciência

Para atingirmos um profundo estado de meditação, é fundamental o controle físico, emocional e mental, vivendo o "eterno agora". O corpo físico precisa estar limpo e forte, o corpo emocional e mental deve estar controlado, em perfeito equilíbrio de pensamentos e emoções, para que possam ser nossos instrumentos, e não nossos donos. Sem atitudes negativas ou positivas, sem julgamentos e preconceitos, nos entregamos para receber a voz da intuição, que provém de substâncias mais sutis.

Com o despertar da intuição, recebemos a inspiração e, ao entrarmos em contato com nosso ser crístico interno, aproximamo-nos de Deus e a verdade que está dentro nos é revelada. Nesse processo de ampliação da consciência, colocamos o cérebro físico e a mente humana sob controle de nosso eu superior e compreendemos Deus sem usarmos a mente inferior ou a faculdade de raciocinar.

Com essa expansão de consciência, penetramos no reino da percepção, entramos no universo das revelações e descobrimos chaves que abrem portais e, dentro desses espaços, outras chaves que nos conduzem muito além dos horizontes conhecidos. Não é possível entendermos o plano infinito de Deus com nossa mente finita, mas podemos degustar um fragmento de sua divina sabedoria nos degraus da escada de luz que nos conduz ao caminho de volta à fonte. O amor divino é incondicional, é misericórdia ilimitada, luz infinita, pura graça e bênção.

Com a experiência prática da meditação, aprendemos a nos libertar da mente que racionaliza e nos entregamos ao divino. Nesse momento, um universo de sons, luzes, cores translúcidas, números, símbolos, imagens geométricas e códigos são apresentados, estabelecendo uma comunicação entre nosso eu superior e o sublime. Nessa comunhão e conexão, recebemos mensagens para serem realizadas e materializadas no plano físico em prol da humanidade.

Somente com a pureza do coração e o propósito de alma temos a permissão para adentrar a luz que nos permeia, estando dentro e fora ao mesmo tempo. Nosso grau de pureza varia de acordo com o grau de consciência da lei cósmica que rege o universo. Quanto mais despertos, mais fazemos parte do sistema da natureza, sendo uma célula dela e respeitando a divina lei que conduz a harmonia do organismo como um todo. Se considerarmos o universo inteiro idêntico à consciência, não haverá nada impuro. Tudo depende de nossa visão e interação em relação ao todo.

O seu universo a você pertence

Por que devemos meditar e orar?

São muitos os benefícios da meditação e da oração. Somente com a prática podemos entender a abrangência e os resultados. Com essas práticas podemos experimentar estados superiores de consciência e nos conectar com nosso eu divino, recebendo instruções com uma visão mais ampla para atuarmos em nossa vida, para nos libertarmos de paradigmas e nos conectarmos com uma luz maior que nos guia e ampara.

Meditar e orar é ouvir a voz do coração. Mais do que falar é saber escutar, é silenciar a mente e tranquilizar o coração para nos sintonizarmos com a voz interna que nos une diretamente com a fonte, sem intermediários. Todos nós temos esse livre acesso, basta querer. Quanto mais nos concentramos, alinhando o coração, a mente e o espírito, libertando-nos de estímulos externos, como pensamentos e emoções, e mais profundamente entramos no universo de nós mesmos, mais nos conectamos com o divino.

Por meio da meditação adentramos em mistérios, adquirimos novos conhecimentos e recebemos orientações e entendimento imediato sobre determinadas coisas que não conseguíamos enxergar. É a ciência da verdade por trás das aparências e a libertação. É estabelecer uma ordem interna para ser refletida no externo e treinar para que os acontecimentos do mundo não perturbem a paz de dentro.

Muitas vezes nos desculpamos dizendo que não temos tempo para meditar. Eu afirmo que, se encontrarmos tempo para meditar, teremos um ganho real de tempo em várias outras atividades.

Relato de algumas de minhas profundas meditações

Jesus aparece para mim em minhas meditações e transmite mensagens e revelações. Há intimidade e transparência na consciência, e a comunicação utiliza o processo do conhecimento direto. Ouço dentro de meus pensamentos e emoções e sinto na profundidade de meu ser e no silêncio de minha alma.

As palavras não podem transmitir a intensidade da experiência individual. No entanto, como algumas meditações tiveram um papel fundamental e muito esclarecedor em minha vida, vou tentar descrevê-las para que meu exemplo possa talvez despertar a vontade de outros percorrerem seus próprios caminhos e experimentarem essa arte mágica de transformação, cura, amor, realização e paz interior.

Tentem ler sem julgamentos mentais e mais conectados com a verdade de suas almas. Leiam com a parte abstrata de suas mentes e, principalmente, com o amor em seu coração.

Minha primeira meditação com o divino através da geometria sagrada

É difícil descrever em palavras o universo multidimensional que adentrei, com suas formas geométricas sobrepostas, símbolos, números, matizes de luzes translúcidas e sons musicais. A comunicação com o divino foi sagrada, reveladora, esclarecedora e emocionante. Lágrimas de gratidão escorriam de meus olhos – a contemplação não pode ser explicada, apenas sentida.

Comunicamo-nos através de símbolos, os quais eram de um oculto conhecimento. Embora eu estivesse em outra dimensão da realidade, tinha plena consciência de tudo o que se passava ao meu redor. Sentia o frio da substância divina que me fazia tremer e um impulso a bocejar sem que eu conseguisse controlar.

Adoro meditar e me conectar no silêncio de minha alma mais próxima da luz divina. Geralmente mantenho os olhos fechados, mas nesse dia a luz era tão intensa que foi necessário manter os olhos abertos. Uma multiplicidade de formas geométricas com matizes de cores suaves se comunicava comigo e muitas informações foram transmitidas. Estava conectada em um tempo atemporal em que eu era receptora, mas ao mesmo tempo unida com o universo geométrico apresentado.

Visualizei a complexa formação e preparação de um ser muito iluminado programado para vir ao planeta Terra. Foram apresentadas a mim as formas geométricas nas inúmeras figuras contidas uma dentro da outra. Era uma criança com uma grande missão espiritual para a humanidade, unindo o Oriente e o Ocidente. Essa criança me foi apresentada mais de uma vez e a revelação se fazia seguindo os propósitos divinos da semente implantada no ser, no tempo perfeito do espírito e da matéria. Esse ser tem o amor de Cristo e a sabedoria de Buda. A luz presente é intensa, extremamente forte, a geometria é perfeita, simétrica e harmônica. Visualizei a energia por trás da matéria, a origem e a grande preparação para a missão.

Muitos anos se passaram e essa experiência continua nítida em minha memória.

Meditação no dia do meu aniversário

Faço aniversário no dia 6 de janeiro e, em 2010, não tinha preparado nada de especial para a data. Em 5 de janeiro eu estava trabalhando bastante para colocar em dia as coisas do meu trabalho, pois sairia de férias a partir do dia 11 e iríamos viajar no sábado, dia 9, pela manhã. No dia 5 só dei alguns telefonemas e falei com pessoas relacionadas ao trabalho. A única ligação pessoal que entrou no meu celular foi de uma amiga que mora no interior de São Paulo e que viria à capital no dia 6. Imediatamente a convidei para vir em minha casa. Ela disse que iria participar de uma meditação especial comemorativa ao Dia de Reis e queria me convidar para acompanhá-la. Não me decidi na hora. Fiquei pensando na proposta e, no dia 6, acabei fazendo a escolha de ir.

Foi uma linda meditação sobre o Dia de Reis, com ensinamentos sobre os três reis magos e a vida de Jesus. Segundo os escritos, Belchior, Baltazar e Gaspar vieram da Índia, da Pérsia e da África para saudar o "rei dos homens". Eles eram sábios e tinham conhecimento do nascimento do menino. Quando chegaram à Judeia, foram perguntar ao rei Herodes onde estava o menino que nascera e que seria o rei dos homens. Herodes respondeu que não sabia, mas que, quando eles descobrissem, era para comunicá-lo porque ele gostaria de visitá-lo. Ao saírem em busca do menino, os três reis sabiam que a intenção de Herodes não era boa e se dispersaram. Ao encontrar o menino, os três reis o presentearam com ouro, mirra e incenso. O ouro representava a sabedoria e a saudação do reino mineral, a mirra representava o reino vegetal e o reconhecimento pelo sacrifício que o mestre faria para cumprir sua missão divina, e o incenso representava a devoção, a fragrância do amor do coração e a saudação do reino animal.

Se Jesus nasceu no dia 25 de dezembro e os três reis magos o encontraram no dia 6 de janeiro, significa que demoraram 12 dias para encontrar o menino, sendo 1 + 2 = 3. Encontramos o número mágico da mesma maneira, 3 + 3 = 6. O número 3 simboliza a trindade, Pai, Filho e Espírito Santo. A primeira aparição de Jesus foi relatada aos 12 anos (novamente, temos o número 3 = 1 + 2), quando, na Páscoa, seus pais, José e Maria, foram de caravana visitar o templo da Judeia. Jesus se separou de seus pais e Maria ficou desesperada. Quando o encontrou, ficou brava com o menino, e ele respondeu que ela deveria saber que estava falando "palavras de seu Pai", conversando e ensinando aos sábios no templo. Dos 12 aos 30 anos, ninguém sabe por onde Jesus andou.

Aos 30 anos (número 3), ele aparece e pede que seu primo João Batista o batize no Rio Jordão, e João responde que quem teria de batizá-lo era Jesus. No entanto, Jesus pede para ele batizá-lo para que seja cumprida a profecia. Quando João Batista joga água na cabeça de Jesus, um enorme clarão de luz se abre no céu e uma pomba pousa em sua cabeça. A profecia foi cumprida. Jesus veio cumprir a profecia exatamente como foi descrita anteriormente pelos homens que receberam as informações do céu através da intuição. É por isso que Jesus entra futuramente em Jerusalém montado em um burro, um animal difícil de domar, que vai aonde quer. Depois do batismo, Jesus inicia três anos de pregações, ensinamentos e milagres. São os anos que conhecemos de Jesus, dos 30 aos 33 anos – novamente, o número 3.

Jesus morreu aos 33 anos, e alguns dizem que foi exatamente 33 anos, 3 meses e 3 dias. Ressuscitou no terceiro dia. Será que todos esses números 3 são uma simples coincidência? Ou haveria uma simbologia e significado maior?

Os três reis magos que simbolizam o amor, a vontade e a inteligência sabiam a resposta, através da magia branca, a qual só pode ser aprendida por quem receber do "Poder Superior" a permissão para estudá-la, pois esse poder vem do céu.

Jesus dorme em minha alma e brinca em meus sonhos. Ele me ensinou a enxergar as coisas com os olhos da alma e por trás das aparências.

Eu fiz a escolha certa em celebrar meu aniversário com essa meditação especial nesse grupo de luz. O destino são escolhas que fazemos, não há nada predeterminado. Nascemos com alguns potenciais que podemos escolher desenvolver ou não.

O seu universo a você pertence

Meditação em conexão com a luz de Jesus

Nessa meditação tive contato com a luz de Jesus, uma conversa de horas sem palavras. Recebi mensagens e me emocionei muito. Foi uma experiência tão incrível que não encontro palavras para descrever.

Concentrei-me na imagem e nas mensagens de Jesus. A imagem que aparecia era de diversas faces de Jesus. Todas as imagens eram da altura do coração para cima e eu não consegui ver o corpo, apenas várias versões do rosto de Jesus. Em alguns momentos era como um "videoclipe" em que ele se apresentava às vezes mais loiro ou mais moreno, às vezes com o cabelo mais curto ou mais comprido, mas todas as imagens eram dele em diversos momentos.

Logo no início do diálogo, estendeu as mãos para mim, olhei para ele e perguntei se era realmente comigo que estava conversando. Ele respondeu que era para mim que estava estendendo as mãos com o convite. Eu questionei, e ele respondeu que estava ali para todos, porém, em um local com muitas pessoas, eu era a única que estava olhando para ele e me fixando em sua imagem.

Nosso diálogo foi extremamente intenso e expressei parte da mensagem com o primeiro texto inserido no capítulo "O Amor", sobre o amor universal, escrito após essa meditação.

Meditação em 11.11.11: um grande portal aberto e consagrado

Nessa meditação passei por uma das experiências mais incríveis de minha existência. Conectei-me com o divino e dialoguei com Jesus. Havia muita luz na sala, uma intensa energia fria e inúmeras formas geométricas que se sobrepunham, se intercalavam e formavam outras configurações geométricas.

O ambiente foi consagrado por energia divina e a união dos amigos irmãos de alma que ali estavam encarnados foi fundamental para dar suporte ao recebimento das graças. Existiu limpeza durante o processo de recebimento de luz, pois era necessário sair tudo o que não precisávamos guardar dentro de nós.

Jesus me disse que estava focando na pureza de energia e não nos deslizes que cometemos ao longo de nossa trajetória. Ele disse que não há mais tempo e que está olhando somente para o maior percentual de qualidades e deixando as imperfeições para trás. Disse também que não está focando no que ainda precisamos melhorar, e sim no que temos de bom para potencializar, para que possamos irradiar essa luz para a humanidade. Orientou-nos a sermos focos de luz, que, quando unidos, clareiam um ambiente maior.

Na sala ao lado havia a ausência do bem. As luzes existiam como faixas, mas predominavam cores fortes como preto e vermelho. O som não era harmonioso e o mal-estar era alimento para este outro lado. Os prazeres do corpo eram lançados e mostrados como imagens para atrair, o mundo material ali estava com suas ilusões.

Jesus estava ao meu lado o tempo todo observando e, quando o lado escuro tentava me persuadir, eu focava ainda mais na luz. Eu disse que todos aqueles prazeres oferecidos não me atraíam e que já tinha escolhido meu lado. Ele dizia que exatamente por isso eu era mais interessante.

Quando tentava sair daquela sala, o mal-estar assombrava novamente e me fazia permanecer por um pouco mais. Eu era consciente da luz. Tive a sensação de sair de minhas entranhas algo que estava guardado havia muito tempo e quase escondido em meu próprio corpo. A luz iluminou de tal forma que não era mais possível guardar aquilo que eu mesma desconhecia.

Após a limpeza, a luz se consagrou. Um colar de flores foi colocado em volta do meu pescoço por seres de muita luz. Eles disseram que fui testada e que escolhi o lado da luz. Não havia mais retorno.

Em determinado momento, eu tremia e sentia muito frio, parecia que iria receber uma energia ainda mais forte de luz. Bloqueei. Jesus me testou e abriu possibilidades, mas me deu permissão para escolher.

A experiência foi demasiadamente intensa e divina para o momento e para sempre. Eu sempre senti muito a energia das pessoas e dos ambientes, sempre agi guiada por uma voz maior dentro de mim, mas sinto que posso expandir mais.

A etapa final do processo de meditação é a inspiração

Senti-me inspirada por meio de inúmeras meditações. Gostaria de relatar várias outras experiências, mas este livro não teria fim. O processo é contínuo, sempre há novas meditações, inspirações e devaneios. O mais importante não é a informação, mas a compreensão que só pode ser alcançada por meio da aplicação individual e criativa. Os valores e a significação são pessoais. A informação vem do externo para o interno, a compreensão trilha o caminho oposto, vem do interno para o externo.

Por meio da visão interna tudo faz sentido, no nível de união da personalidade com a alma. É um caminho novo e desconhecido, mas com total verdade no nível do espírito. Os encontros por meio da meditação e sonhos continuam para confirmar e sedimentar em minha personalidade a entrega, a fé e a confiança no caminho não conhecido.

Esse é o percurso para atingirmos nossa missão maior no serviço mundial, intuindo e seguindo no caminho da ação para algo muito além de nossa racional compreensão. Recebemos a graça de ver e acreditar no propósito divino para nos unirmos, cumprindo a parte do trabalho que nos cabe. De acordo com os esforços de nossa própria alma trilhamos a estrada do servir, a escolha é nossa. O caminho é sempre através do amor, da sabedoria, da vontade, do serviço aos semelhantes e, consequentemente, à humanidade.

Mestres espirituais

No decorrer de minha jornada, em busca do sagrado e de mim mesma, encontrei e fui encontrada por mestres espirituais. Encontros físicos ou astrais, na matéria ou em meditações e sonhos, no país que nasci ou em outras localidades do mundo e do universo. Foram vários seres importantes em minha vida. Alguns deles encontrei uma vez, outros, muitas vezes. O tempo, contudo, não é mensurado por nosso relógio, mas na profundidade da comunicação em essência, onde mensagens são reveladas em meu processo de autoconhecimento.

Meus mestres supremos são Jesus, simbolizando o amor; Buda, a sabedoria; e Shiva, o poder.

Qualidades de um mestre

O verdadeiro mestre ensina pelo exemplo, sua vida é o ensinamento. Ele tem amor, sabedoria, força de vontade, disciplina, discernimento, serviço ao próximo, compaixão, perfeição de acordo com a lei divina, integridade e paciência, sendo esta uma das últimas qualidades desenvolvidas pelo mestre.

Eles têm a função de mostrar algo que os outros ainda não conseguem enxergar. São criticados, não compreendidos e solitários na jornada, mas nunca perdem a fé. Acreditam e são amparados pela luz maior. Cristo, Buda, Shiva e muitos outros colocaram sua "marca" em muitos e ainda o fazem.

Esses e outros grandes mestres permanecem nos corações e nas mentes do ser humano há milhares de anos. Isso comprova que foram seres diferenciados que marcaram suas passagens com exemplos, plantaram sementes que frutificam até hoje, gerando muitas outras. Demonstraram força de vontade, sacrifício, sabedoria, amor e serviço. Deixaram mensagens para seguirmos a luz.

Os grandes mestres foram pioneiros, não compreendidos, martirizados, crucificados, queimados, não reconhecidos em seu tempo, mas nada os impediu de desbravarem o caminho da alma para um futuro com mais amor, luz e união. Foram mensageiros do espírito. Conectados com a alma e com o coração, podiam sentir, intuir, usar a sabedoria da mente e todos os demais sentidos para penetrar nas verdades universais, nas leis cósmicas.

Capítulo 11

Vida simples

A simplicidade é o último grau da sofisticação.
Leonardo da Vinci

Onde está sua criança interior?

Você está conseguindo envelhecer com o olhar de sua criança interior e manter a conexão com seu eu superior, aquele mesmo que prevalecia em sua infância, antes de você ser contaminado por este mundo e acreditar que as coisas são como aparentam ser? Quando você era criança, acreditava mais em seu mundo interior, em sua imaginação, em seus sonhos. À medida que foi crescendo, inconscientemente, você foi deixando o melhor de si para trás. Deixou de imaginar, de sonhar, de se conectar com seu eu superior e passou a se identificar com seu eu inferior, com a realidade do mundo das aparências da matéria.

Você deixou ser enganado e passou a acreditar neste mundo. Tornou-se parte do sistema sem tempo para questioná-lo. Vive correndo atrás do próprio rabo, com muito mais coisas para fazer do que tempo para as executar. Não tem tempo para ficar em silêncio, em paz, em contato consigo mesmo para analisar o quebra-cabeça do lado de fora. Assim, torna-se a própria peça em busca dos encaixes. É assim que vive um adulto normal. Ele ainda é capaz de celebrar quando consegue encaixar uma peça na outra e continua freneticamente buscando uma nova conquista, corre, movimenta-se de um lugar para outro, irrita-se, estressa-se, não observa e não se inter-relaciona com os outros ao seu lado que também se encontram no mesmo processo de apenas encaixar peças em sua própria mandala, sem tentar compreendê-las.

E a criança interior? Onde está? Torna-se completamente esquecida em nosso leque de prioridades, pois achamos que ela é apenas uma parte do passado, e não o melhor de nós. Será que não deveríamos resgatá-la? Não deveríamos nos questionar sobre o que realmente nos faz feliz? Onde estão nossos sonhos? Onde estão nossa imaginação e criação?

Se encontrássemos mais tempo para brincar com nossa criança interior, com nosso eu superior, não sentiríamos mais alegres e realizados? Quanto tempo você reserva para brincar em sua vida adulta?

Se não damos esse tempo a nós mesmos, tornamo-nos adultos sérios que julgam, analisam, se iludem, se esquecem. Tornamo-nos amargos, ranzinzas, sem vida. Tornamo-nos cada vez mais distantes da alegria, da brincadeira, da simplicidade, do contato com nós mesmos e da realização potencial que poderia ter sido nossa vida.

Envelhecer com os olhos do menino

As crianças são felizes, têm alegria no olhar, brincam, fazem descobertas e obtêm conquistas diárias. Elas se empolgam e também têm algumas decepções, que logo são superadas e esquecidas. Vivem o momento presente, o dia de hoje, e se contentam com o abraço e o carinho da mãe que acalenta a alma e estimula seu crescimento. Nem todas as crianças têm uma mãe, um pai ou uma família, mas, de uma maneira ou outra, elas aprendem a viver brincando.

À medida que se tornam adolescentes, começam a contestar seus pais e o mundo. Os amigos são as pessoas mais importantes, as maiores influências nessa etapa. É novamente uma fase de descoberta, em que se acham adultos, autossuficientes e responsáveis, embora a maioria não o seja. Começam a compreender que o relacionamento de seus pais não é tão maravilhoso quanto imaginavam, percebem que talvez eles não sejam tão realizados profissionalmente como pareciam, nem tão felizes quanto achavam. Mais uma vez, contestam e dizem que farão tudo diferente, que em sua vida pessoal e profissional serão bem melhores, mais reconhecidos, mais bem remunerados, mais amados e muito mais felizes. Os pais observam e realmente desejam tudo isso e muito mais para seus filhos. Afinal, todos os pais querem que seus filhos se sintam realizados e sejam mais bem-sucedidos do que eles.

Normalmente, o jovem entra na faculdade, namora, começa a trabalhar e acredita que irá mudar o mundo, que seu universo será esplêndido e magnífico. Muitas vezes conseguem boas oportunidades de trabalho e remuneração, começam a conquistar a independência e pensam em comprar seu próprio imóvel e se casar. Tudo parece um conto de fadas!

O seu universo a você pertence

Grande parte desses jovens se casa e começa a constituir família. Os bebês chegam aos lares e se tornam parte integrante da vida do novo casal. Muita alegria, empolgação, algumas preocupações, mais despesas, menos tempo para o apaixonado casal, mais esforço para equilibrar a vida pessoal e profissional, principalmente para a mulher, que acorda à noite para amamentar seu bebê, que não dorme direito e fica doente mais facilmente. Quando a mulher retorna ao trabalho, a jornada é dupla. Fica difícil conciliar o lado pessoal e profissional. No trabalho todos exigem o que ela oferecia antes de se tornar mãe e não compreendem por que alguns dias ela precisa sair com urgência para levar o bebê ao pediatra. A demanda é intensa nesse período e, quando o casal não divide as tarefas, se torna mais difícil. A família geralmente cresce e os gastos também, mas o tempo livre diminui, pois agora é necessário dividi-lo com duas ou mais crianças.

Bem-vindo à vida adulta! Aquela vida que seus pais tinham! Lembra-se de quando os criticava na adolescência e dizia que iria fazer tudo diferente? Consegue dar atenção suficiente a seus filhos? Sente-se realizado profissionalmente? Tem tempo e vontade para continuar namorando seu parceiro? Consegue viajar e curtir a vida? Tem dinheiro para edificar seus desejos? Como andam seus sonhos? Consegue sorrir com as coisas simples? Você ainda brinca? Encontra seus amigos? Tem tempo para seus pais ou sua família de origem? Consegue rir de seus erros? Você é feliz?

Por volta dos 40 anos, os mais realizados conquistaram seus sonhos e se questionam o que será dos próximos anos. Alguns não amam mais seus parceiros, mas mantêm o casamento por causa dos filhos. Alguns não se sentem plenamente realizados profissionalmente como no início da carreira, a empolgação e o desejo de fazer diferente não são como antes, os riscos são mais comedidos e a experiência diz que convém ter mais precaução. Há também o grupo dos não realizados, os que ainda não conseguiram conquistar metade do que imaginavam. São poucos os que estão plenamente realizados em suas vidas pessoais e profissionais em torno de seus 40 ou 50 anos.

E aí? O que temos pela frente após essa idade? Os filhos estão maiores e nós estamos mais velhos. O que nos empolga? O que nos faz felizes? Quais são nossos objetivos? Sentimo-nos realizados? Conseguimos mudar o mundo como queríamos? Somos pessoas melhores do que éramos quando crianças? Continuamos sonhando?

Se não paramos para pensar sobre essas questões antes dessa idade e não corrigimos o rumo de nosso barco, o que faremos daqui para frente? Você quer continuar sorrindo e sentindo o prazer de viver ou quer caminhar para a morte? Quer se reinventar profissionalmente ou manter o que não gosta mais de fazer? Como você quer ver sua vida de trás para frente? Como quer descrever sua passagem por este mundo?

A grande sabedoria está na simplicidade, na alegria de viver intensamente o dia de hoje, ser feliz com as pequenas coisas, dar valor para as relações humanas, rir dos nossos erros, tentar fazer diferente quando uma fórmula não dá certo, seguir os sonhos, envelhecer com os olhos da criança interior, encontrando magia dentro de nós mesmos e refletindo essa luz de amor para todos os que cruzarem o caminho. Vamos viver brincando! A vida fica mais fácil, mais leve e muito mais feliz!

Resgate sua criança interior

Cada dia apresenta uma nova oportunidade para aprendermos lições, para nos transformarmos, amarmos, sermos prósperos e fazermos os outros felizes. Ser criança é tudo de bom! Realmente, as crianças curtem o momento presente. Ficam felizes se ganham um presente supercaro ou um objeto barato. Para elas, a alegria é a mesma.

Quero lhe fazer um convite: nem que seja por um dia apenas, volte a ser como as crianças. Observe-as, faça do dia de hoje um marco em sua vida, um daqueles dias especiais e inesquecíveis. Esqueça o mundo adulto, o consumismo. Tente enxergar o dia de hoje pelos olhos de uma criança. Seja feliz!

Aproveite bem o seu dia, extraia dele todos os bons sentimentos possíveis. Não deixe nada para depois, diga o que tem para dizer, demonstre, seja você mesmo. Não cultive amarguras ou sofrimentos. Prefira o sorriso, dê risada de tudo e de si mesmo. Seja feliz hoje, pois amanhã é uma ilusão e ontem é uma lembrança. Não vamos deixar a vida passar inutilmente. Vamos saborear o intervalo entre o nascer e o morrer. Vamos ser felizes agora.

A magia da vida

É difícil expressar a vida com palavras. É difícil definir algo tão complexo e, ao mesmo tempo, tão simples. Por tudo o que observo, por tudo o que vivi, o mais importante na vida é realmente vivermos aqui e agora, curtirmos as pequenas coisas. Pode ser um simples arco-íris no céu, o sorriso de uma criança, jogar bola com seu filho ou vê-lo andar de bicicleta pela primeira vez. Isso é mágico e são momentos que não voltam nunca mais.

Não podemos ter tudo na vida ao mesmo tempo. Em determinados momentos temos mais dinheiro ou menos, sentimo-nos mais realizados no trabalho ou menos. Às vezes temos mais de algo e menos de outro. Outras vezes, passamos a ter o que não tínhamos, mas perdemos o que tínhamos. Sempre queremos ter tudo, de preferência tudo ao mesmo tempo. Quanto antes aprendermos que isso é impossível, mais felizes seremos.

A felicidade é algo que vem de dentro para fora. Não é o que o mundo nos apresenta, e sim a maneira que vemos o que o mundo nos mostra. Tão simples de dizer e tão difícil de aplicar... É um treino. Precisamos praticar constantemente e é melhor começarmos ainda criança. Quanto mais cedo aprendermos que o mundo não é cor-de-rosa, mas um mesclado de cores, mais fácil será.

Nunca seremos o que fomos e ainda não somos o que seremos – somos nós aqui e agora. Este sou eu hoje, sou o que sou e devo ser feliz com o que tenho hoje. Não posso ficar sentindo falta do que tinha. Otimizar o bom e minimizar a visão do ruim é um grande começo para sermos mais felizes.

Quero que a vida seja doce, mas, como nem sempre é assim, preciso pegar o limão e fazer uma limonada. Quero também saber apreciar o lado azedo da vida. Precisamos aprender a ser felizes com o que temos e manter a motivação para correr atrás dos nossos sonhos. Devemos abrir muitas portas para que algumas delas se efetivem na vida e, quando alguma se fechar, não estaremos perdidos em um labirinto, pois existirá luz em outras portas que deixamos semiabertas.

O caminho da simplicidade

O mundo precisa de pessoas mais simples e transparentes. A maior parte delas esconde suas raízes, cria um mundo de fantasias e inverdades para si próprio e, consequentemente, para os demais. Usa máscaras, aparenta ser o que não é e, nessa ilusão, passa a acreditar em suas próprias mentiras.

Quando precisamos mostrar o que não somos para o outro achar que somos melhores, é porque nos falta amor próprio. Não confiamos em nosso real potencial e, por isso, temos necessidade de reconhecimento do outro para aumentar nossa autoestima.

Somos realmente o ser perfeito que tentamos mostrar? Não seria melhor confessar que não sabemos sobre determinado assunto? Não seria melhor assumir com responsabilidade os erros e os acertos, os fracassos e as vitórias?

Somos todos heróis e fracassados, dependendo do momento e da situação. Devemos ter a humildade para assumir a verdade e crescer com atitudes positivas. Os bens materiais nos proporcionam conforto, mas não nos fazem melhores, mais sábios ou bem-aventurados. O amor, a felicidade, a motivação e o entusiasmo são um estado de espírito. É como aproveitamos as oportunidades diárias. É como criamos nosso caminho, nossa verdade e nossa vida.

Aprendendo com a natureza

Todo mundo tem um lobo bom e um lobo mau dentro de si. Devemos nos ocupar em alimentar o bom e não o mau. Temos o lado esperto do tubarão que devora tudo o que encontra, e o lado sardinha que alimenta os tubarões e outros peixes. Será que temos o lado golfinho que se une em bando para defender suas fêmeas prenhas e seus filhotes e matam os tubarões? Quanto temos de cada uma dessas simbologias dentro de nós?

Em uma experiência com pulgas, elas foram colocadas dentro de um pote de vidro. No começo, elas se machucaram batendo no vidro. Depois, redimensionaram seu universo e se adaptaram à nova realidade. Quando a tampa foi aberta, elas não saíram: não queriam se arriscar mais, pois se acostumaram com aquele universo minúsculo. Essa limitação está em nossa cabeça, em nossas crenças. Será que nos acostumamos com um trabalho de que não gostamos? Será que nos acomodamos em um casamento em que não mais amamos? Será que nos limitamos por medo do desconhecido? O mundo é amplo e inúmeras são as possibilidades de explorarmos e nos conhecermos melhor. Depende de como queremos nos criar e expressar nossos dons.

Temos de resgatar urgentemente nossa essência. É ali que mora a realização, a prosperidade, o sucesso, a missão, os dons, a plenitude e a liberdade. Ainda dá tempo de aprender com a mãe natureza e nos reconciliar com nosso pai celestial, atingindo o equilíbrio e a integridade de nosso ser aqui e agora.

De que precisamos para ser felizes?

Dizem que o filósofo grego Sócrates, que viveu há mais de 2 500 anos, costumava andar pelas ruas de Atenas observando o movimento do comércio. Certo dia, ao ser assediado por vendedores, ele teria se desvencilhado deles dizendo: "Estou apenas observando quanta coisa existe de que não preciso para ser feliz!".

Assim como o grande filósofo, acredito que pequenos acontecimentos diários podem tornar nossa vida espetacular. É uma questão de foco. Temos a opção de olhar para a luz ou para as trevas, para o positivo ou para o negativo, para o virtual ou para o momento aqui e agora. Temos inúmeras escolhas em um mesmo cenário. Podemos nos libertar ou nos aprisionar no consumismo, ou então sair da rotina, observar as coisas simples, dar valor às relações familiares, estudar, ler, correr ou caminhar, exercitar-nos para manter o corpo saudável, as emoções equilibradas e a mente ativa.

Do que realmente precisamos para ser felizes? Ter ou ser? Comprar ou viver? Precisamos de todos os novos lançamentos que o mundo nos oferece? De todas as roupas da moda ou tecnologia? Para quem nos vestimos? Para quem compramos? Quais são nossas reais necessidades?

Não são as grandes coisas nem as coisas caras que fazem a diferença para as pessoas ou os clientes. São as pequenas coisas que ninguém mais poderá fazer por essa pessoa, porque só nós a conhecemos profundamente. E só conhecendo profundamente cada pessoa é possível fazer alguma coisa de fato diferente, cuidando do detalhe.

Pessoas simples são as que são o que são, seja um rico empresário, seja um auxiliar da limpeza. A simplicidade não está vinculada a posses, títulos ou cargos – está dentro de cada um que é verdadeiro e se compromete na solução dos problemas.

Alegria, um ingrediente primordial

A alegria é fundamental na vida. Precisamos criar muitos momentos alegres para nos abastecer de energia positiva e encontrar a solução para nossos problemas. Quando não temos momentos de alegria, falta-nos combustível para percorrer a jornada. Não nascemos para levar a vida seriamente e sem alegria, pois estamos aqui de passagem. Um dia ganhamos, outro perdemos, um dia sorrimos mais e outro menos. O importante é manter o humor, a energia elevada.

Devemos encontrar a alegria de viver e permanecer nela com o êxtase no coração. A alegria cria um campo de ressonância, uma vibração que atrai os que buscam paz e harmonia. A felicidade está no fato de como tiramos proveito das ocorrências do dia a dia, salientando ao máximo as coisas boas que acontecem e menosprezando as coisas ruins.

Quando rimos, nosso pensamento para. É o início de um estado de não mente em que deixamos fluírem as emoções e os sentimentos e nos conectamos com uma frequência mais elevada. Por isso, vamos rir mais, ser mais otimistas, fazer que a vida seja mais leve e com surpresas agradáveis para todos os que possam enxergar. Vamos expressar nossa luz e construir uma fábrica de riso ao redor. Ele é contagiante e, quando nos dermos conta disso, poderemos mover milhões nesta frequência de amor, alegria, superação e motivação.

O momento agora

Tudo o que existe é aqui e agora. Quem pode ter certeza de que estará vivo até o final do dia ou até a próxima hora? O ponto entre a vida e a morte não é um simples apagar ou acender de luz? Neste momento, não é como se tudo que existia desaparecesse sem deixar vestígios? Nada daquela antiga realidade existe mais porque não existimos mais dentro daquela forma. O que acontece com nossos antigos planos, projetos e sonhos? E com nossos amores? E o tempo que não dedicamos aos nossos filhos e às outras pessoas amadas? Neste momento, ocupamo-nos com o pensamento da compra da nova casa ou do novo carro? E os planos do nosso negócio? E os sonhos com o novo amor? O que sobrou? O que realmente é importante? Será que não daríamos qualquer coisa por mais cinco minutos ao lado de nossos filhos e de pessoas amadas? Não gostaríamos de tê-los deixado com palavras e sentimentos amorosos? Não deveríamos ter dedicado menos tempo ao trabalho e mais tempo a quem realmente importa? Será que nesta correria conseguimos deixar alguma obra importante na transformação do mundo? Tivemos tempo de semear algumas coisas boas ou só plantamos bens materiais que não geram frutos? Fizemos alguma diferença no mundo? Se tivéssemos oportunidade, o que faríamos diferente?

Vamos viver como se o último momento fosse agora, expressando o melhor que podemos ser, quem realmente somos, dizendo palavras amáveis, demonstrando amor, fazendo a diferença, manifestando bons sentimentos, perdoando, não cultivando ódio, raiva ou outros sentimentos negativos. Vamos rir, dançar, ser e fazer o outro feliz. Vamos refletir o amor e a luz, cultivando a paz e amizade entre as nações e os povos. Não vamos adiar para amanhã o que podemos fazer hoje. Só assim construiremos boas recordações dos momentos prazerosos que o mundo tem para nos oferecer. Somos únicos e especiais. Vamos agradecer tudo de bom que somos e que temos aqui e agora. O momento presente muda tudo, incluindo nosso passado e futuro.

Disney, a filosofia da alegria, magia e sonhos

Walt Disney é um dos meus heróis favoritos. Um homem que sonhou muito e conseguiu expressar seus sonhos e materializá-los. Ele acreditou e fez acontecer. Fez que pais e filhos do mundo inteiro pudessem se divertir juntos em um parque de diversão. A Disneylândia é um lugar onde a fantasia e a magia do sonho permanecem vivas no coração de cada visitante e onde a vida é celebrada diariamente. Atrai pessoas de todas as partes do mundo, com culturas e religiões diferentes, e que podem dividir um mesmo espaço, um mesmo sonho, onde não há fronteiras entre os países, onde mulheres muçulmanas com longas túnicas compartilham filas e brinquedos com americanas ou brasileiras de shorts, indianas com trajes típicos e pessoas que se expressam e se vestem das mais diversas maneiras. Todos convivendo em perfeita harmonia e respeito. Por que o mundo não pode ser assim?

A magia e a filosofia de Walt Disney me encantam e me contagiam desde minha infância. Cresci, mas não deixei de ser criança, de acreditar em sonhos, de sentir a magia da vida, de olhar o mundo com a curiosidade da menina, de me encantar com o Mickey e com todos os animados personagens da Disney, de me emocionar com os espetáculos e de me divertir muito todas as vezes que tive oportunidade de ir para a Disney, mesmo que tenha sido mais de dez vezes. Sempre que retorno e contemplo os fogos noturnos no castelo, agradeço e faço o pedido de poder sempre retornar àquele mágico paraíso.

Sou uma eterna criança! Quero envelhecer com a alegria e a magia da criança dentro de mim. Sonhos, aventuras, um mundo onde tudo é possível. Esse é meu mundo!

No período em que fazia a faculdade fui guia turística na Disney durante as minhas férias. Passei, então, alguns meses de janeiro e julho lá, cuidando de grupos de aproximadamente 50 jovens brasileiros. A responsabilidade era grande, a diversão e a felicidade maiores ainda! Foram ótimos momentos da minha vida. Aprendi técnicas de liderança brincando.

Walt Disney foi um grande visionário, e sua obra continua fazendo milhões de pessoas felizes todos os dias. Sua mensagem é: "Celebre hoje! Celebre todos os dias! Um lugar onde seus sonhos se tornam reais". Disney, um grande exemplo para a humanidade!

Capítulo 12

Consciência

É fundamental a consciência, onde está a essência de todo o ser.
Raulnei Carvalho

O despertar da consciência

Tudo se trata do despertar de nossa consciência acima do nível mental, no qual não há pensamento, mas puro conhecimento, onde encontramos a integridade de nosso ser interior. São Paulo mencionou sobre essa consciência na seguinte passagem bíblica: "Agora vemos em espelho e de maneira confusa, mas depois veremos face a face. Agora o meu conhecimento é limitado, mas depois conhecerei como sou conhecido" (1 Coríntios 13,12).

A Bíblia fala sobre os "Filhos da luz" e os "Filhos da escuridão", referindo-se às pessoas com consciência e às sem consciência. Quando existe a consciência, participamos como cocriadores com Deus, em harmonia com a vontade divina, para estabelecermos o "céu" na Terra.

Quando os místicos falam sobre a segunda vinda de Cristo, estão se referindo à consciência crística que deve ser despertada em cada um de nós, trabalhadores da grande obra – pessoas com vontade e pureza para serem veículos da luz por um mundo melhor, com mais harmonia, amor e compaixão.

O Templo do Rei Salomão deve ser estabelecido no interior de cada um. Somos nosso próprio templo, precisamos desenvolver essa energia inteligente, na qual a força de vontade é consciência e na qual a consciência é força. Erguer nossos pilares internos de amor, vontade e poder e nos unir na arca da aliança dos seres humanos, construindo um mundo mais pacífico, com energia mais sutil, menos egoísmo, menos ódio, menos arrogância, menos inveja, menos medo, menos cobiça, menos orgulho e mais amor, mais fé e mais esperança para nós mesmos e para toda a humanidade.

O início de tudo está nos planos interiores da consciência de cada um, nos quais, por meio de pensamentos, emoções, sentimentos, palavras e atitudes, contribuímos para a mudança interna que terá uma contrapartida no plano físico – se não mudarmos internamente, não manifestaremos o objetivo externo. As coisas se formam nas dimensões interiores antes de se manifestar no plano material.

A consciência em conflito é dual. Para termos harmonia é necessário integrarmos os seres interior e superior, os lados interno e externo, ou seja, é preciso sermos verdadeiros com nós mesmos. Quando falamos algo diferente do que pensamos, temos um conflito. Quando expressamos o que não somos, temos um conflito. Quando a mente, o corpo e o espírito não estão alinhados, estamos em conflito. Somos uma humanidade em conflito. Não somos o que queremos, não falamos o que pensamos, vivemos nos enganando. O outro é somente a consequência, pois, no fundo, tudo se trata de nós com nós mesmos. Quando tivermos a coragem de partir em busca do autoconhecimento e expressar nossa verdadeira vontade interna, iremos nos alinhar com a vontade divina.

Não precisamos nos afastar do mundo para buscar estados superiores de consciência e autorrealização. Esse é um estado interno e, normalmente, a missão individual se converte em prol da humanidade, e o contato com o mundo é fundamental para manifestarmos a vontade divina. As revelações de Deus mudam de acordo com as mudanças de nosso estado de consciência. Não é Deus quem muda, mas nossos estados para percebê-lo e recebê-lo. Quando nos tornamos mais conscientes da criação e de nosso eu crístico interior, estabelecemos uma relação baseada no conhecimento sagrado e colhemos a luz que existe em nós e em nossos semelhantes.

Para curarmos o mundo precisamos nos curar primeiro: um é consequência do outro. Nossa base de valores é determinante no caminho da bem-aventurança, rumo à realização do despertar de nossa consciência imersa no espírito da verdade universal. Quanto mais ampliamos nossa consciência, mais interagimos com o campo de transformação na construção de novos valores e significados para a humanidade.

A consciência nos liga à verdade da luz de nossa alma

A palavra "consciência" vem de duas palavras latinas: *com* (com) e *escio* (saber). Significa "aquilo com o qual sabemos". No dicionário encontramos a definição: "o estado de estar alerta" ou a condição de percepção, a habilidade de reagir a estímulos, a faculdade de reconhecer contatos e o poder de sincronizar a vibração.

A consciência absoluta ou consciência de Deus é aquela em que tudo existe – todas as possibilidades do passado, do presente e do futuro no instante aqui e agora, na intersecção do símbolo do infinito.

O homem se torna consciente com os cinco sentidos (audição, tato, visão, paladar e olfato) e depois expande por meio do discernimento inteligente, que é a escolha consciente. Deus é inteligência, amor e vontade por trás de toda manifestação, é uma consciência em permanente expansão. O homem, à sua imagem e semelhança, também apresenta essas três qualidades. Conhecemos Deus pelo estudo de sua natureza. À medida que expandimos nossa consciência, penetramos mais no conhecimento de seu plano e nos tornamos mais aptos a colaborar com Ele em seu objetivo essencial.

Quando produzimos mudança em nossa consciência, uma mudança correspondente ocorre em nossa vida; quando alinhamos o coração e a mente, automaticamente nos alinhamos com a vontade divina, que é também nossa verdadeira vontade, nossa essência.

A consciência é o que nos liga à verdade clara e iluminada da alma, onde tudo é luz. A realidade do universo está presente aqui e agora no espaço, no ar, no que não conseguimos enxergar com os olhos da matéria, apenas com os olhos espirituais. A mente e o coração nos conectam com essa dimensão do espaço onde tudo é luz, com seus diversos matizes de cores translúcidas que emitem raios e se interconectam o tempo todo. Nossa consciência individual está ligada à consciência do universo em sua essência, no nível mais profundo, onde tudo se conecta no Todo que é Um.

Devemos estabelecer a união através do amor, manifestar nossa verdade de alma e servir à humanidade com a luz da consciência recebida. Jesus se preparou durante trinta anos para expressar sua verdade com palavras e ações, por três anos para o povo que não conseguia compreender e o julgava por valores do poder terreno. Somente quando temos a fé e nos conectamos com a alma adquirimos valores mais elevados e nos sentimos guiados por eles, deixando que os valores superficiais e mundanos sejam conduzidos pelos de cima, e não o contrário. Somente com consciência atingimos esse estado de constante vigília e oração.

Bem-aventurança

Bem-aventurança é um despertar de consciência, é ananda, ou seja, "aquele que é ele mesmo", é autorrealização e união com nosso eu divino e com a divindade. É uma imersão do fogo com a faísca, sem que a partícula se perca no todo, é como o todo entrando na faísca. A individualidade não se perde nesse processo de iluminação, é exatamente o ponto em que o indivíduo se integra, se completa, se realiza, se une com o sagrado. É uma interconexão e interdependência do universo com o indivíduo, sem que nenhum dos dois se perca na união. É uma alquimia divina que se inicia e se processa em nosso interior pela congruência de nossos pensamentos, sentimentos, emoções, palavras e ações. É uma entrega ao divino, uma certeza interna, uma fé que vem da alma, um sentido que nos impulsiona rumo à busca espiritual, à intuição que nos guia ao mistério.

Trilhar o caminho da bem-aventurança é percorrer nossa jornada interna na verdade e essência de nosso ser, no amor e na luz. É o processo de autoconhecimento que se converte na contribuição para a humanidade. Se nosso objetivo não for puro e conectado com nossa alma, não podemos encontrar a bem-aventurança, que é a realização máxima de nosso ser e, ao mesmo tempo, é servir e ser útil para o mundo. A bem-aventurança não é alcançada pelo ego ou pelo egoísmo – ela é para o bem de todos. É o universo conspirando através da sincronicidade na vida do indivíduo para que ele, ao encontrar sua missão, possa contribuir para o plano coletivo.

A busca de nós mesmos e de respostas para questões existenciais nos conduz à nossa essência e à origem. Ao nos buscarmos, encontramos Deus; ao tentarmos nos entender, aprendemos a compreender os outros; ao nos amarmos, doamos amor naturalmente e descobrimos a fórmula mágica: quanto mais distribuímos, mais multiplicamos.

Todos nós podemos cocriar, contribuindo e construindo um mundo melhor para nós mesmos e, consequentemente, para os outros. Este é o caminho de saída do fragmento de nosso mapa atual. As oportunidades são inúmeras, o plano maior solicita pessoas no caminho da bem-aventurança pessoal, nas áreas da ciência, medicina, tecnologia, administração, engenharia, artes e inúmeras outras. Vamos seguir nosso caminho da bem-aventurança em busca da plenitude de nosso potencial.

Infelizmente, os valores do mundo nos afastam do caminho da bem-aventurança. Então é necessário nadar contra a corrente, seguir o contrafluxo, ultrapassar as imposições de sociedades, governos, religiões e famílias, que muitas vezes abafam nossos sonhos dizendo que determinada função não dá dinheiro e não tem futuro. Eles só enxergam o externo. Mas é no estado interno que encontramos a paz na alma, a alegria, a sincronicidade em nossas ações e relacionamentos.

Sincronicidade

Quando despertamos o amor no coração, desenvolvendo a força de vontade e a inteligência criativa na cocriação, abrimos um grande portal para que o divino atue em nossas vidas. Ao nos unirmos em sintonia vibracional com essa vontade do universo e nos entregarmos ao divino, deixando fluir o amor e os sentimentos sem tentar controlar ou forçar as situações, a energia da sincronicidade em que o universo está imerso penetra em nosso ser.

Devemos fazer nossa parte. Nunca podemos nos acomodar e achar que tudo virá ao nosso encontro. Precisamos trabalhar constantemente no caminho da autotransformação e da evolução. Afinal, as oportunidades surgem somente quando estamos preparados para enxergá-las. Nada é ao acaso no caminho da sincronicidade. É como um plano atuando no sutil de nosso ser para a futura manifestação física. Precisamos estar atentos aos sinais quando lançamos nossos pensamentos e traçamos nossas metas. Quando estamos alinhados com o propósito maior, tudo conspira a nosso favor e as peças começam a se encaixar na mandala perfeita de nossa existência.

Nossos pensamentos e sentimentos são energia, agem em nós e nos conectam ao todo. O equilíbrio entre os corpos físico, mental, emocional e espiritual é fundamental nesse alinhamento com a corrente potencializada de energia do cosmos. Se nossos corpos não estiverem preparados, é como ligar um aparelho eletrônico em uma voltagem extremamente mais alta do que a capacidade para recebê-lo: o aparelho queima e não funciona. Somos exatamente assim. Estamos sincronizados nessa rede, mas poucos desenvolvem o aparato do equilíbrio e a integridade do ser para receber a carga de energia.

Tudo o que lançamos no universo no nível de nossos sentimentos, emoções e pensamentos voltam para nós amplificados. Cedo ou tarde, tudo retorna. Se quisermos mais amor, devemos doar mais amor; se quisermos nos livrar do ódio, raiva ou medo, também devemos emitir muito amor, que tudo neutraliza. Somente fazendo a faxina interna rumo à transformação e pureza de propósito é que nos alinhamos mais e mais no caminho da sincronicidade.

Precisamos acreditar mais em nós mesmos, investir na autoestima e na confiança. Só assim conseguiremos vencer os desafios e as condições desfavoráveis que a vida nos apresenta. Não vamos conspirar contra a vida. Vamos deixar fluir a expressão de nossa alma, de nossa verdade interna, de nosso eu superior. Só assim seremos regidos pela sincronicidade. A lei do universo é perfeita – não podemos fugir dela nem a enganar. Ela só se revela em nossa vida quando fazemos nossa parte e estamos preparados para servir e trabalhar para potencializar ainda mais essa energia.

O psicanalista Carl Jung e o físico Wolfgang Pauli estudaram a sincronicidade, que significa "coisas díspares se juntando de uma maneira significativa que não tem explicação ou causa". Uma feliz coincidência!

Capítulo 13

A unificação

Se queremos progredir, não devemos repetir a história, mas fazer uma história nova.
Mahatma Gandhi

A conquista máxima

Como comentei em uma passagem anterior, foi em um sonho que recebi a mensagem de Jesus para encerrar o último capítulo deste livro com o título "Unificação". Confesso que, quando acordei, não entendi direito. A mensagem não parecia fazer sentido, uma vez que eu nada tinha escrito sobre esse tema. Deixei que a intuição, a meditação e os sonhos me guiassem nos passos seguintes e, de repente, tudo começou a fazer completo sentido.

Durante o processo de criação deste livro, defini, desde o primeiro momento, que nos capítulos iniciais trataria sobre o "Amor universal", com base num texto que escrevi sobre o assunto depois de uma meditação. Foi uma semente, a origem de um processo que teve início em meu ser.

No entanto, não sabia que a letra Aleph, do alfabeto hebraico, inicia as palavras "achad", que significa "unidade", e "ahava", que quer dizer "amor", sendo a própria essência do Evangelho de Paz. O número dessas palavras é 13, e elas refletem Jesus Cristo e os doze discípulos, sendo "Aleph" a Luz ou o Poder do Messias.

Em outro sonho, já mencionado anteriormente, recebi a mensagem 13 ∞ 13, que nada entendi a princípio, mas sabia que 26 é o número que denomina Deus e, ao mesmo tempo, é duas vezes 13. Como tudo é um reflexo e espelho de si mesmo, faz total sentido a palavra "Amor" iniciar e a palavra "Unificação" finalizar, onde o início encontra o fim e tudo é uma única expressão do Todo. Somos parte da Unidade Sagrada e somos filhos da Luz.

Existe uma consciência cósmica que vive a unidade sagrada e sustenta a criação, a grande mente universal em que a conquista máxima é a unificação, o retorno para a fonte de onde viemos.

Unidade

O todo é o conjunto das partes fragmentadas de uma mesma realidade, é a síntese. Cada peça tem sua importância vital, mas nada é tão completo quanto a unidade do todo. É preciso ressaltar mais as similaridades dos homens, de suas religiões e de suas culturas. É preciso enxergar a humanidade como um todo, em que cada ser representa um átomo do corpo inteiro, cada órgão é fundamental para o funcionamento do todo e nenhum deles pode viver separado do corpo, só havendo sentido na unidade.

Por que é tão difícil o ser humano conseguir compreender isso? Cada um de nós tem um corpo e sabe que nada será do nosso coração se não tivermos os pulmões, a respiração, o sangue e todo o exército de células funcionando no corpo. Só fará sentido quando conseguirmos olhar o quebra-cabeça completo da mandala terrena, quando percebermos que juntos somos melhores do que individualmente. Não é necessário competição, e sim colaboração.

Como seres humanos vivendo na dualidade de um plano tridimencional, não podemos sequer imaginar a multiplicidade de dimensões que se sobrepõem e se complementam na matemática geométrica perfeita do universo. Somos ainda muito pequenos para entender a perfeição e a complexidade da mente de Deus. Ele está em nós, mas nós ainda não estamos nele.

Estamos tão ocupados com a visão egocêntrica de nossa própria evolução que nos esquecemos de olhar como águias no alto das montanhas. Em vez disso, nos satisfazemos olhando uma única árvore da imensa floresta. Dentro de cada ser humano está o Cristo infinito, esperando para ser manifestado.

Precisamos encontrar nossa verdade interior e expressá-la. Precisamos também estar abertos para a verdade do outro e para sua maneira de expressá-la. A verdade dele não será igual a minha. Temos mais de sete bilhões de verdades expressas de diferentes maneiras, mas essas verdades não são excludentes e sim complementares. Todas as várias verdades formam uma Verdade. Cada ser é uma pedrinha no mosaico grupal e precisamos juntá-las se quisermos realmente ver a figura que formamos juntos.

Vamos nos unir pelo denominador comum chamado amor, resgatar nossa essência divina e compartilhar a vida através do brilho nos olhos e da alegria de viver. O amor quebra as regras matemáticas, pois, quanto mais se dá, mais se recebe. Que tal doarmos amor sob as mais diversas formas de expressão? Palavras, pensamentos, atos, abraços, beijos, arte, música... Não importa como, para quem, nem onde, apenas faça sem esperar nada. Tenho certeza de que, em breve, você irá sentir os resultados.

A energia do amor pode ser canalizada para a atividade do pensamento, da mente ou acima dela, gerando a síntese da unificação.

Onde está a chave

São muitos os caminhos e os métodos para chegarmos ao objetivo final. E também são muitos os mestres e iluminados que já acenderam tochas para tentar nos ajudar na iluminação do nosso caminho, mas, muitas vezes, ouvimos sem ouvir, lemos sem prestar atenção e, acima de tudo, não aplicamos os conceitos aprendidos que consideramos como verdadeiros em nossos corações.

A mensagem é sempre a mesma, divulgada com palavras diferentes ou similares, mas os nossos sentimentos, pensamentos, emoções e atitudes digerem de maneira muito diferente. Tudo depende do que temos dentro de nosso mais profundo ser e da nossa abertura para a transformação e transmutação de formas adquiridas no passado. Quando decidimos no momento presente migrar para um futuro diferente, é necessário mudar. Caso contrário, repetimos padrões e alcançamos resultados muito similares aos já alcançados, mas normalmente colocamos a culpa no lado externo. Assim, a culpa passa a ser da próxima empresa em que iremos trabalhar, do próximo chefe, do próximo marido ou esposa, mas nunca é nossa própria culpa, pois não queremos enxergar.

Mudar é um processo, pois não mudamos de um dia para o outro. As mudanças são feitas de etapas para transformarmos padrões adquiridos. O que primeiro devemos observar são nossos pensamentos e sentimentos, depois as palavras pronunciadas e, em seguida, nossos comportamentos e atitudes.

A única mudança efetiva é a que acontece de dentro para fora. É a mudança que você quer fazer independentemente da opinião alheia. Os outros não precisam saber, mas se você realmente mudar, eles vão notar. Alguns vão gostar e outros não, mas não importa o que eles acham, e sim o que você acha. Se estiver se tornando uma pessoa mais amorosa, mais paciente e mais equilibrada, é porque está no caminho correto.

As transformações são lentas e é melhor que assim seja para serem mais efetivas. Não podemos, em apenas um dia, perder 30 quilos adquiridos no decorrer de dez anos, mas é preciso tomar a decisão de perdê-los para iniciarmos o processo de redução de peso. Assim é com tudo em nossa vida.

Unificação

Jesus disse que é "o Caminho, a Verdade e a Vida". Disse também: "Eu e o Pai somos Um" e "Eu sou o alfa e o ômega, o primeiro e o último, o princípio e o fim". Por essa analogia, Deus se revelou e se expressou através de Cristo. Somente quando atingirmos a consciência crística podemos conhecê-lo e nos unificarmos em uma dimensão mais ampla do que nossa restrita visão atual.

Deus é um eterno Criador, sempre está se criando, adquirindo mais autoconhecimento e sabedoria através da expressão de suas obras. Assim como ele, temos de percorrer nosso caminho do autoconhecimento e da cocriação para nos expressarmos. Quando reconhecemos o divino em nós e além de nós, atingimos a consciência na qual todos somos um, a evolução e expansão da criatura e da criação.

No caminho do autoconhecimento encontramos nosso mais profundo desejo do coração, aquele que brilha e nos move. Descobrimos que temos todos os dons e talentos para honrar a criação e cumprir nossa missão. É tudo muito natural, porém, nada simples, pois normalmente nos desviamos do caminho e damos mais ouvidos ao mundo do que à nossa voz interna.

O caminho espiritual implica a eliminação da ilusão, de tudo o que nos é imposto como real, de esvaziar o recipiente para que possamos receber, de saber excluir para agregar. É uma jornada de desapego e de entrega para encontrar o divino dentro de nós. Somente com muita coragem e ousadia conseguimos atravessar a margem e, ao chegarmos do outro lado, percebemos que o cumprimento da lei divina nos abençoa com seu amor e graça no propósito da criação, onde somente através do domínio de nós mesmos e da responsabilidade de nossas escolhas encontramos a paz, a unidade sagrada, nossa essência, o centro de nosso ser e o divino que sempre esteve dentro de nós.

A essência

A essência é a verdade das verdades, é o amor, a fonte, Deus em nós. É o fim que se une ao início, onde tudo é amor. Quando buscamos o absoluto, trilhamos o caminho do autoconhecimento e sondamos nossa própria alma. Essa busca é eterna, mas cada encontro e descoberta traz uma paz esclarecedora.

A física e a metafísica nos levam a buscar a verdade na luz, o retorno a essa misteriosa fonte está fora do nosso sistema referencial.

O mundo desafia nossa inteligência – ele é real, mesmo sendo uma ilusão. Estamos em um grande labirinto, onde tudo o que enxergamos são paredes e extensos corredores. Não conseguimos encontrar o centro, onde habita o mistério dos mistérios. Temos de ampliar nossa consciência e entender que a humanidade é um todo e um ao mesmo tempo.

Precisamos interpretar os papéis com a sabedoria do ser e a compreensão de que cada papel é um fragmento da totalidade. Ao atingirmos a perfeição na integridade, conquistamos a completude do ser.

Síntese: existência unificada

Acredito que somente com a união da ciência, da espiritualidade e da filosofia seja possível encontrar as leis e verdades universais, a síntese que integra as unidades evolutivas da matéria e do espírito. Todas as religiões, credos e crenças vieram da mesma unidade. Cada uma representa uma parte fragmentada do todo, onde a essência é a mesma, apenas falada e interpretada de diferentes maneiras. A fonte é a mesma e se expressa na diversidade de dons e talentos.

Temos de nos reintegrar à espiritualidade universal, ao sagrado e à síntese da verdade. Não devemos nos prender a uma única doutrina. É fundamental estarmos abertos para novas ideias e entender que a luz não é deste mundo e que cada um de nós é uma centelha divina.

Vamos descartar tudo o que nos separa e integrar tudo o que nos une, sem barreiras de nacionalidades, raças, credos, crenças, religiões, filosofias e ideologias. Vamos nos conectar em um amor universal de paz e respeito, sem julgamentos ou dogmas. Vamos construir uma teia de fraternidade para expressarmos nossa alma divina, nossa luz, e trabalharmos juntos por uma obra única para um mundo melhor, sem ambição, medo, raiva, orgulho, escravidão e prisão na ilusão.

Precisamos ser o sal da terra que transmuta a dualidade, transforma o negativo em positivo, o mal em bom, a sombra em luz, tornando um e compreendendo que as trevas são somente a ausência de luz, pois tudo o que existe é luz em sua essência, tudo é unidade na origem.

A compaixão pelo ser humano é a verdadeira compreensão da dualidade. Todos nós nascemos de uma família e, de uma maneira ou de outra, continuamos inseridos nela. Esse é o ambiente para nos ensinar a unidade contida no conjunto até conseguirmos ampliar nossa visão para a humanidade e para a unidade do planeta Terra e do universo. Quando nos unimos à criação, nos unimos a Deus, ao céu e à terra.

Um ponto: final de um ciclo e início de outro

Consciente ou inconscientemente, todos nós traçamos o mapa de nossa vida, semeamos ideias e deixamos pegadas. O que varia é a história que criamos, o roteiro para chegar à palavra "fim" é apenas o começo de um novo ciclo. Despertar a serpente enrolada e conduzi-la à libertação é um caminho individual em que cada um deve encontrar suas próprias ferramentas e instrumentos.

Não existe regra, um caminho único. Cada um trilha seu próprio caminho, constrói sua estrada de retorno à fonte. As opções são inúmeras e todas são válidas, pois desembocam no mesmo lugar. O que vale não é o ponto histórico e sim o metafísico, a unificação, a integração do ser, onde não existe a dualidade, mas a completude.

Quando morremos para o mundo, nascemos para o espírito. Quando vivemos para o mundo, morremos para o espírito. É fundamental a integração, em que conseguimos nos expressar na matéria sabendo que não pertencemos a ela.

O fogo da fonte consome o fogo, a luz está dentro da luz, o amor está imerso no amor, no qual tudo é semelhante a si mesmo. O retorno à pureza original integra e unifica.

É interessante a sensação de terminar um livro, um misto de sentimentos. Parece que não acaba nunca, mas é necessário colocar um ponto final para que o novo possa surgir.

Da teoria à prática; da ação pessoal à ação em grupo

Gostaria de fazer um convite: vamos nos unir fisicamente e também virtualmente. Conectem-se aos canais descritos abaixo em prol da união de culturas, raças e religiões. Todos são bem-vindos para trabalharmos pela paz e pela unificação da aldeia global, da humanidade.

Sigam seu coração, sigam o caminho de sua bem-aventurança. Ouçam sua voz interna e compareçam a este chamado. Não recusem, não deem as costas para a sua intuição, para o seu sonho de um mundo melhor. Venham se unir para que, juntos, possamos mapear um universo com mais luz e amor.

A ideia é estabelecer primeiramente um grupo virtual para agendarmos encontros físicos e, acima de tudo, espirituais, meditando e nos unindo por um mundo melhor. Quero ter a oportunidade de conhecer o seu universo pessoal.

Como disse o ativista de direitos humanos Martin Luther King: "É sempre o momento certo para fazermos o que é certo".

Site: adrianabarbarini.com.br
Facebook: facebook.com/femininosagrado
Facebook: facebook.com/oseuuniversoavocepertence
Instagram: instagram.com/adrianabarbarini

Referências bibliográficas

Bailey, A. A. *Educação na nova era*. 2. ed. São Paulo: Fundação Cultural Avatar, 2002.

_____. *Os Trabalhos de Hércules*. São Paulo: Fundação Cultural Avatar, 2008.

_____. *A consciência do átomo*. 3. ed. São Paulo: Fundação Cultural Avatar, 2009.

_____. *Do intelecto à intuição*. 3. ed. São Paulo: Fundação Cultural Avatar, 2009.

_____. *A luz da alma*. São Paulo: Fundação Cultural Avatar, 2012.

Bíblia Sagrada. Em CD ROM. Charlotte, Carolina do Norte: Stampley Enterprises, 1974.

Bonder, N. *A alma imoral*. Rio de Janeiro: Rocco, 1998.

Campbell, J. *O herói de mil faces*. São Paulo: Pensamento Cultrix, 1988.

_____. *O poder do mito*. 13. ed. São Paulo: Palas Athena, 1995.

_____. *A jornada do herói*. São Paulo: Ágora, 2003.

Capra, F. *A teia da vida*. São Paulo: Pensamento Cultrix, 2004.

Cobra, N. *A semente da vitória*. 68. ed. São Paulo: Senac, 2000.

Cleary, T. *The Essential Koran*. Memphis, Tennessee: Castle Books, 1993.

_____. *The Essential Confucius*. Memphis, Tennessee: Castle Books, 1992.

Collins, F. S. *A linguagem de Deus*. São Paulo: Gente, 2007.

D'anna, S. *A escola dos deuses*. São Paulo: ProLíbera, 2007.

_____. *Um sonho para o mundo* – Integridade em ação. São Paulo: Pensamento Cultrix, 2012.

Del Pe. *Os perigos ocultos da yoga e meditação*. Rio de Janeiro: Qualitymark, 2006.

_____. *O caminho do sucesso à realização*. Rio de Janeiro: Qualitymark, 2006.

Estudos Sobre a Alquimia – A ciência da transformação – Saint Germain. Ditados ao Mensageiro Mark L. Prophet. Saint Paul, Minnesota: Summit University, 1984.

Fischer, L. *Mahatma Gandhi* – His Life and Times. Londres: Bharatiya Vidya Bhavan, 2003.

Gibran, G. K. *O Profeta*. São Paulo: Acigi, 1976.

GOSWAMI, A. *A física da alma*. 5. ed. Reimpressão. São Paulo: Aleph, 2007.

GROSS, R. *A maneira de Sócrates*. Rio de Janeiro: Best Seller, 2005.

HANSON, R. *O cérebro de Buda*. 3. ed. Reimpressão. São Paulo: Alaúde, 2012.

HEATH, R. *Geometria sagrada e as origens da civilização*. São Paulo: Pensamento Cultrix, 2010.

HERMÓGENES, J. (Org.). *Sai Baba* – Princípios de vida. São Paulo: Nova Era, 2005.

HOFFMAN, E. *Jewish Holiday & Sabbath Journal*. São Francisco: Chronicle Books LLC, 2002.

KRIYANANDA, S. (discípulo evocado). Explicada por Paramahansa Yogananda. *A essência do Bhagavad Gita*. São Paulo: Pensamento Cultrix, 2007.

KYOKAI, B. D. *A doutrina de Buda*. 2. ed. São Paulo, 2012.

LAMA, D. *O universo em um átomo*. São Paulo: Ediouro, 2006.

LAWLOR, R. *Sacred Geometry*. London: Thames & Hudson, 1982.

LEPAGE, V. *Shambala* – A fascinante verdade oculta no Mito de Shangri-lá. São Paulo: Pensamento Cultrix, 1996.

MALACHI, T. *Cristo Cósmico*. São Paulo: Pensamento Cultrix, 2009.

MARINS, L. *Homo Habilis*. São Paulo: Gente, 2005.

_____.; MUSSAK, E. *Motivação*. Campinas: Papirus 7 Mares, 2015.

MECLER, I. *A cabala e a arte de ser feliz*. Rio de Janeiro: Sextante, 2007.

MELCHIZEDEK, D. *O antigo segredo da flor da vida*. São Paulo: Pensamento Cultrix, 2009, v. 1.

_____. *O antigo segredo da flor da vida*. São Paulo: Pensamento Cultrix, 2010, v. 2.

MOORE, J. O. *Understanding Confucianism*. London: Duncan Baird Publishers, 2003.

_____. *Understanding Taoism*. London: Duncan Baird Publishers, 2003.

MURPHET, H. *Sai Baba, o homem dos milagres*. 13. ed. São Paulo: Nova Era, 2003.

OLIVEIRA, N. S. de. *As Parábolas de Jesus*. Goiânia: AB, 2005.

_____. *O Sermão da Montanha*. Goiânia: AB, 2001.

PENNICK, N. *Geometria sagrada*. São Paulo: Pensamento Cultrix, 2002.

RENARD, J. *The Hand Religion Answer Book*. Canton, Michigan: Visible Ink Press, 2002.

RIBORDY, L. *Arquitetura e geometria sagradas pelo mundo*. São Paulo: Madras, 2012.

ROSENBERG, M. B. *Comunicação não violenta*. São Paulo: Ágora, 2006.

SACH, J. *The Everything Buddhism Book*. Avon, Massachusetts: Adams Media Corporation, 2003.

SANTOS, Y. P. *Dicionário de alquimia* – A chave da vida. São Paulo: Madras, 2012.

SCHOPENHAUER, A. *A sabedoria da vida*. São Paulo: Edipro, 2012.

SOLARA, A. A. *A abertura dos portais*. 2. ed. São Paulo: Madras, 2006.

SZEKELY, E. B. *O Evangelho Essênio da Paz*. 7. reimpressão. São Paulo: Pensamento Cultrix, 2013.

TORRES, C.; ZANQUIM, S. (com canalizações de Tânia Resende). *2012* – A Era de Ouro. São Paulo: Madras, 2010.

TRISMEGISTOS, H. *Corpus Hermeticum* – Discurso de iniciação. São Paulo: Hemus, 2005.

TRÊS INICIADOS. *O Caibalion*. 20. ed. São Paulo: Pensamento Cultrix: 2011.

VÁRIOS EDITORES. *As religiões do mundo* (Do Primitivismo ao Século XX). São Paulo: Melhoramentos, 1996.

WALKER, C. G. *The Psychic Revolution of the 20th Century and Our Psychic Sense*. Seal Beach, Califórnia: Psychic Sense Publishers, 1997.

WILLIAMS, M. *O Espírito do Xamã*. São Paulo: Alaúde, 2013.

XAVIER, F. C. *Brasil, coração do mundo, pátria do Evangelho*. Brasília: FEB (Federação Espírita Brasileira), 2013.

YOGANANDA, P. *A yoga do Bhagavad Gita.* São Paulo: Self-Realization Fellowship, 2009.

_____. *A eterna busca do homem*. 4. ed. impressão. São Paulo: Self-Realization Fellowship, 2010.

_____. *Autobiografia de um iogue*. Rio de Janeiro: Lótus do Saber, 2001.

ZHANG, Q. (ed.) *Traditional Chinese Culture*. Beijing: Foreign Language Press, 2004.

Contato com a autora
abarbarini@editoraevora.com.br

Este livro foi impresso pela gráfica Edições Loyola em papel *Offset* 75g.